社会生活史视域下的大学生日常生活研究

（1912—1937）

黄磊 ◎ 著

中国戏剧出版社
CHINA THEATRE PRESS

图书在版编目（CIP）数据

社会生活史视域下的大学生日常生活研究 ：1912—1937 / 黄磊著. -- 北京 ：中国戏剧出版社，2024. 7.
ISBN 978-7-104-05543-3

Ⅰ. G645.5

中国国家版本馆 CIP 数据核字第 202464R8S3 号

社会生活史视域下的大学生日常生活研究（1912—1937）

责任编辑： 齐 钰
责任印制： 冯志强

出版发行： 中国戏剧出版社
出 版 人： 樊国宾
社　　址： 北京市西城区天宁寺前街 2 号国家音乐产业基地 L 座
邮　　编： 100055
网　　址： www.theatrebook.cn
电　　话： 010-63385980（总编室） 010-63381560（发行部）
传　　真： 010-63381560

读者服务： 010-63381560
邮购地址： 北京市西城区天宁寺前街 2 号国家音乐产业基地 L 座

印　　刷： 北京九州迅驰传媒文化有限公司
开　　本： 787mm×1092mm 1/16
印　　张： 14.75
字　　数： 210 千字
版　　次： 2024 年 7 月 北京第 1 版第 1 次印刷
书　　号： ISBN 978-7-104-05543-3
定　　价： 90.00 元

目 录

Contents

第一章　绪论 / 001

第一节　选题缘由 / 001

第二节　概念界定及研究时限 / 005

一、社会生活史视域 / 005

二、大学生 / 006

三、日常生活 / 007

四、研究时限 / 008

第三节　研究现状回顾 / 008

一、近代学生群体以及大学生生活相关问题的整体研究 / 008

二、近代大学生生活的专题研究 / 013

第二章　近代大学生群体的形成 / 021

第一节　清末大学的萌发与大学生群体的诞生 / 021

第二节　民国时期大学的发展与学生数量的变化 / 027

第三节　民国时期大学生的基本情况 / 033

小　结 / 042

第三章　民国时期大学生的学习生活 / 044

第一节　课堂学习 / 044

一、中西并举的课程内容 / 045

二、形式多样的教学方式 / 058

三、形态各异的课堂状态 / 064

四、忙碌有趣的实践学习 / 072

第二节　课外学习 / 078

一、图书馆自习 / 078

二、组织学术社团和出版刊物 / 085

三、修学旅行 / 091

第三节　考试情况 / 098

一、严格的考试要求 / 099

二、灵活多样的考试形式 / 105

三、学生考试时的生活状态 / 109

四、高校学生掀起的废除考试运动 / 115

小　结 / 119

第四章　民国时期大学生的物质生活 / 121

第一节　衣饰装扮 / 121

第二节　膳食情况 / 134

第三节　住宿情况 / 143

小　结 / 154

第五章　民国时期大学生的课外生活 / 156

第一节　社会服务 / 156

一、教育服务 / 158

二、农业服务 / 161

三、社会改良 / 163
四、赈济募捐 / 165
第二节 休闲娱乐生活 / 168
一、体育运动 / 169
二、音乐艺术活动 / 172
三、消极娱乐活动 / 175
第三节 自治生活 / 178
第四节 政治生活 / 188
小 结 / 196

第六章 大学生日常交往生活 / 198

第一节 师生交往 / 198
第二节 同学交往 / 205
小 结 / 211

结 语 / 212

参考文献 / 218

一、专著 / 218
二、论文 / 222
三、报纸杂志 / 225

后 记 / 227

第一章　绪论

第一节　选题缘由

民国时期的大学生作为新兴的知识阶层，在新文化的冲击下自觉意识逐渐萌发，成为独立的社会力量，在近代社会变迁的各个方面扮演着先锋的作用。特别是在近代中国内忧外患的时代背景下，青年学生更被视为“国家未来的柱石”、“社会未来的中坚”、拯救民族危亡的主要力量，在“千钧一发的最后关头，这种出路渺茫的过程中，哪一个能负起存亡续绝的责任呢？哪一个能担当复兴民族的使命呢？我相信只有年壮力强的青年，方能够勉力胜任，所以中国青年的使命是格外的重大”。[①] 基于此，加强民国时期的大学生研究是深化近代史研究的题中应有之义。本课题聚焦于民国时期大学生的日常生活研究，主要从社会生活史的角度对民国时期的大学生群体进行研究，探讨其学习、衣食住宿、休闲娱乐、社会服务、人际交往等方面的生活，努力试图再现民国时期原生态的、原汁原味的大学生生活风貌，进而探析大学生与社会发展之间的互相影响。

---

① 蔡求生:《青年思想的烦闷》,《学生生活》1936 年第 1 期，第 1 页。

20世纪70年代，德国和意大利兴起了社会生活史特别是日常生活史研究。这种日常生活史的兴起与现代西方史学发展的转变密切相关，是对西方史学研究“社会科学化”自我反省和自我批判的产物。20世纪以来西方史学发展提倡利用社会科学研究的方法和理论，从长时间段和宏观视角探析人类社会的发展历程，并试图通过勾勒发展曲线、构筑宏观框架，从总体上说明了社会的发展规律。[①]日常生活史研究者对此提出质疑，认为这种宏观的、科学化的研究，抽掉历史研究中“人”这一核心，研究结果是“只见物不见人”，这样人类历史发展进程以及各种历史现象都得不到正确的解释。因此，日常生活史研究者致力于小群体层面探寻历史发展的动因，注重“目光向下”关注民众的日常生活。日常生活史的研究范围“微观化”，一个村庄、一个住宅区、一个人的生命史等都可以成为研究对象；研究内容包罗万象，诸如普通民众的衣食住行、情感世界、经济生活、消费娱乐、社会关系、职业劳动、财产继承等都属于研究范围。虽然日常生活史研究者致力于看似司空见惯的细小的日常琐事研究，但在研究主旨上却意欲重建“全面史”，因日常生活史是沟通政治、经济、社会互相连接的接点，使这种设想成为可能。而“日常生活史学者建构的社会模型比社会史学者所建构的更加均衡、更丰满，许多社会史结构无法说明的现象，在日常生活史结构中得到了差强人意的解释”，[②]弥补了既往史学研究中注重宏大叙事，对有些社会现象难以有效阐释的缺陷，促使史学研究摆脱史学危机的困境，使日常生活史研究逐渐成为社会史发展的主流趋向，并产生一大批有影响力的学术著作。在此过程中，中国的日常生活史也逐渐成为西方日常生活史研究的重要

---

① 参见刘新成：《日常生活史：一个新的研究领域》，载《光明日报》2006年2月14日。

② 同上。

对象，如谢和耐的《蒙元入侵前夜的中国日常生活》、鲁惟一的《汉帝国的日常生活：公元前202年至公元220年》、查尔斯·本的《中国的黄金时代：唐朝的日常生活》、韩书瑞的《北京：寺庙与城市生活》、哈里斯的《古中国生活》等，在中国学界产生广泛的影响。

早在20世纪二三十年代，中国史学界就已经关注到社会生活史研究的重要性。在清末民初史学发展变革之际，梁启超就批判中国旧史只知有朝廷不知有国家，只知有陈迹而不知有群体，号召历史研究要转向社会、转向人民群众。当时不少历史学者发表了大量的社会生活史方面的论著，如陈东原的《中国妇女生活史》、郭沫若的《〈周易〉时代的社会生活》、傅安华的《唐代社会生活一斑》、全汉昇的《宋代都市的夜生活》等论著。[①] 至改革开放后，随着社会史研究的深入，在常建华等学者的大力提倡下，呈现从社会生活到日常生活的研究转向的发展脉络，由注重群体转向突出个人。[②] 对于日常生活史研究的意义，常建华指出，“生活史研究可以深化并推进历史学。历史学的前进在于所建构的历史接近历史的真实，需要多侧面地深入研究，增进对总体历史的认识，生活史研究是达到这种目的不可或缺的一环，比起几千年的政治史学、‘英雄史学’，生活史还很年轻”[③]。在此背景下，日常生活史研究蔚为大观，从时间上说，覆盖从先秦、秦汉、魏晋南北朝、隋唐五代、辽宋夏金元、明清、民国以及现代整个历史发展进程；从研究主题

---

① 参见陈东原：《中国妇女生活史》，商务印书馆1937年版；郭沫若：《〈周易〉时代的社会生活》，《东方杂志》1928年第25卷第21/22号；傅安华：《唐代社会生活一斑》，《文化建设》1937年第2期，第75—86页；全汉昇：《宋代都市的夜生活》，《食货》（半月刊）1934年第1期，第23—28页。

② 常建华：《从社会生活到日常生活——中国社会史研究再出发》，《人民日报》2011年3月31日理论版2。

③ 常建华：《中国社会生活史上生活的意义》，《历史教学》（下半月刊）2012年第1期，第19页。

来说，涉及不同人群的日常生活、日常交往、衣食住行、闲暇娱乐、生老病死、医疗卫生、民间信仰、日常意识、心路历程等诸多方面；从研究地域来说，从内陆到边疆、从城市到农村、从海外到国内；从研究成果来说，相关著作可谓汗牛充栋。因此从这个角度来讲，进行民国时期大学生日常生活研究是社会生活史研究的自然延伸，拓展了历史研究的领域。

从民国时期大学生日常生活研究的现实意义来讲，通过本研究，希望能够对当今大学生如何度过大学生活以及当前学生教育管理制度改革提供有益借鉴。高等教育的两大活动主体即大学教师和大学生，大学教育的终极目的就是培养人才。民国时期中国的高等教育还处于发展的初步阶段，很多管理和规章制度不完善、不规范，但当时还是培养了一大批优秀的人才。常言道“优秀的环境塑造人”，这与他们当时的校园生活、学校管理制度、学习状况等密切相关。其实通过对民国时期大学生日常生活进行研究，可以发现他们在学习内容上呈现中西并举的面貌，学校日常管理严格，考试要求严格，课外社团生活丰富，注重体育课程与锻炼，注重实验课程与实践能力的培养、注重自主能力的培养，积极主动参加社会活动，在社会潮流方面起着引领的作用，这对他们成长成才以及个性发展起到了良好的促进作用。因此，通过对民国时期大学生日常生活进行深入全面的实证研究，刻画出他们当时的生活样态，有利于了解当时大学生群体的整体面貌。

同时，笔者在大学从事多年大学生管理工作，在工作中感受到青年大学生的年轻与活力的同时，也深深地感觉到当代大学中存在学习兴趣下降、理想信念丧失、沉迷网络游戏、个人主义张扬等问题。此外，从当今大学生的个人诉求来讲，他们自身对于如何度过四年的大学时光有时也感到迷惘、困惑，没有方向感。还记得自己读大学时有一本畅销书《读大学，究竟读什么》，[1] 在

---

① 参见覃彪喜：《读大学，究竟读什么》，南方日报出版社 2012 年版。

同学之间非常流行，购买回来后大家争先阅读，这也反映出包括笔者在内的大学生对于如何度过大学生活迫切需要切实有效的指导。“他山之石，可以攻玉”，当我们回顾历史，窥探民国时期大学生的日常生活样态，能否给当今的大学生提供帮助？因此，研究民国时期大学生的日常生活并不是说“就史论史”“就事论事”，仅仅是对民国时期大学生的日常生活进行全景式描绘，而是借此探析当时大学教育制度的利弊以及大学生日常生活的优点和不足，吸取经验教训，为当今大学生如何更好地度过大学生活提供有益借鉴。

第二节 概念界定及研究时限

一、社会生活史视域

关于社会生活史的理论起源以及演变，前文已经有详细介绍，此处不再赘言。所谓社会生活史视域，是指随着生活史研究的深入，新文化史所关注的空间、身体、认同、记忆等文化阐释，同经济—社会史的结构性分析等研究方法渐呈融合趋势；日常生活史研究的问题意识在于如何阐述与理解个体经验与总体结构之间的关系，其研究动向主要集中于物质文化与身份认同、个体与群体的生存经验以及妇女史与性别史研究等方面。[①] 当然，需要注意的是要防止日常生活史沦为社会科学理论的脚注及流于琐碎叙述，“如果日常生活研究只专注于描写中下阶层的生活细节，殊难超越原有的研究框

---

① 参见胡悦晗、谢永栋：《中国日常生活史研究述评》，《史林》2010 年第 5 期，第 174 页。

架，形成一个新的典范……它使研究者的眼光日益狭窄，不厌其烦地详细叙述各种琐碎事物，却不能从中说明其历史意义，历史学家的工作只剩下在旧报纸杂志堆里寻找人们茶余饭后的闲谈，再将之拼凑成‘小市民的日常生活史’”[①]。进行社会生活史视域下的大学生日常生活研究，可以从以下两个方面着手：第一，在资料上要注意政府公文档案、全国性报刊及相应的专题资料汇编，日记、文集、回忆录、笔记丛刊以及小说、诗歌、图片等资料的综合利用；第二，要注意“眼光向上”研究生活史，即深入社会观念与大学生的内心层面，考察近代中国的社会变化如何渗入大学生的日常生活，进而对其心态及观念产生影响，这些影响又如何改变大学生的世界观并反作用于社会。

二、大学生

大学生，顾名思义就是在大学上学的学生。那么什么是“大学”？民国时期先后颁布多部法令对大学的设立提出要求。1912 年的《大学令》规定，大学分文、理、法、商、医、农、工七科，大学必须有文、理两科，或者文科兼法、商两科，或者理科至少兼医、农、工科中的一科。1917 年的《修正大学令》规定，设两科以上者可以称为大学，设一科者，称为某科大学。1929 年《大学组织法》规定，改科为学院，有三个以上学院者才能称为大学，而且这三个学院必须有理、农、工、医学院之一，不满三个学院的称为独立学院。同时，当时的大学又被分为国立、省立、市立、私立、教会大学等多种类型。因民国时期大学设立的要求多次变化，既有“高专改大”的现

---

① 连玲玲：《典范抑或危机？“日常生活”在中国近代史研究的应用及其问题》，《新史学》（台北）2006 年第 4 期，第 255—256 页。

象，也有大学降格为独立学院的情况，使大学的设立情况较为复杂。但总体而言，本课题研究的大学主要还是当时被称为“大学”的学校，如北京大学、光华大学、圣约翰大学、南开大学等。此外，如南京高等师范学校、北京高等师范学校这些专门大学后来都升格为大学，金陵女子文理学院等因不满足大学设立条件被降为学院的学校也被纳入研究范围。值得注意的是，当时有些学校的名称屡次变更，如南京高等师范学校→东南大学→中央大学、南洋公学→交通大学→交通大学上海学校，在行文过程中皆以原始资料中名称称呼，在此特作说明。

三、日常生活

日常生活，大家都耳熟能详，简言之就是我们每天面对的最直接的生存形态。然而要从理论上界定却比较复杂。不同的个体有不同的日常生活，不同的时代也有各不相同的日常生活，但这些不同的日常生活具有共同的本质特征。匈牙利布达佩斯学派主要代表人物阿格妮丝·赫勒将日常生活阐释为“那些同时使社会再生产成为可能的个体再生产要素的集合”①。一般来说，“日常生活是以个人的直接环境（家庭和天然共同体）为基本寓所、旨在维持个体生存和再生产的各种各样活动的总称，其中最为基本的是以个体的肉体生命延续为目的的生活资料获取与消费活动，以日常语言为媒介，以血缘和天然情感为基础的个人交往活动，以及伴随上述各种活动的日常思维或观念活动”②。本书在此概念基础上，结合大学生的特点，将大学生的日

① ［匈］阿格妮丝·赫勒：《日常生活》，衣俊卿译，重庆出版社 2010 年版，第 3 页。

② 衣俊卿：《现代化进程中的日常生活批判》，《天津社会科学》1991 年第 3 期，第 33 页。

常生活具象化为大学生以学校、社会环境为主要空间，通过研究大学生的学习生活、物质生活、课外活动、人际交往等方面内容，探讨社会经济文化变化对大学生生活的影响。

四、研究时限

本书的主要研究区间集中于 1912 年至 1937 年。以 1912 年为上限，主要是清末时期大学数量较少，大学生数量相对来说也不多，尚未形成独立的社会群体。以 1937 年为研究下限，主要是自此以后抗日战争全面爆发，战区高校开始内迁，大学生的日常生活进入战时状态，与此前生活有较大差异，教师和学生日常生活饱受战争摧残，呈现“非常态”的状态。1912 年至 1937 年间，社会政治相对稳定，大学生的生活为“常态”，更贴近大学生日常生活状态，对当前大学生日常生活更加具有借鉴意义。需要指出的是，第二章“近代大学生群体的形成”，为了梳理近代大学的发展演变历程，故追溯至清末时期大学的设立，但主要研究时段还是集中于 1912 年以后。

第三节　研究现状回顾

一、近代学生群体以及大学生生活相关问题的整体研究

近年来，随着日常生活史受到学界的重视，有不少关于学生日常生活研究的论著问世，在研究论域上既有关于学生群体的整体研究，也有专门研究大学生生活的。在学生群体的整体研究方面桑兵的《晚清学堂学生与社会

变迁》深入挖掘了晚清国内学生群体活动的史实，并注重考察他们的社会联系以及在社会变迁方面发挥的作用、功能与角色，史料丰富、论证翔实，在历史细节中展现了当时学生的生活样态。① 刘训华的《困厄的美丽——大转局中的近代学生生活（1901—1949）》研究了近代历史大变局背景下的近代学生的学习、社会、政治、情感生活以及他们的时代观感，该书注重利用口述、日记、回忆录等史料，叙事性强，阅读流畅。② 施扣柱的《青春飞扬——近代上海学生生活》采用“以事记人”和“以人记事”相结合的叙事方法，研究了自上海开埠以来直至中华人民共和国成立前后，上海新式学校学生的生活常态，大量白描式资料的引用，使得该书内容十分生动。③ 刘京京的《理想与未来：民国时期中学生日常生活研究》聚焦于中学生群体，研究内容包括学习生活、物质生活、情感生活、课外活动等方面，比较全面地反映了当时中学生的日常生活风貌。④ 周洪宇主编的《中国教育活动通史·第七卷·中华民国》从整体上反映了民国时期各种类型学校、各个层次的师生的日常生活。⑤

在近代大学生生活方面，叶文心的《民国时期大学校园文化（1919—1937）》研究了民国时期清华大学、北京大学、圣约翰大学、交通大学、上海大学、复旦大学和中国公学等北京和上海两地不同高校的办学风格、校园

---

① 参见桑兵：《晚清学堂学生与社会变迁》，广西师范大学出版社 2007 年版。

② 参见刘训华：《困厄的美丽——大转局中的近代学生生活（1901—1949）》，华中科技大学出版社 2014 年版。

③ 参见施扣柱：《青春飞扬——近代上海学生生活》，上海辞书出版社 2009 年版。

④ 参见刘京京：《理想与未来：民国时期中学生日常生活研究》，福建教育出版社 2019 年版。

⑤ 参见周洪宇总主编，中国昌副总主编，赵厚勰、刘训华主编：《中国教育活动通史·第七卷·中华民国》，山东教育出版社 2016 年版。

文化以及与民国时期政治、经济、教育政策的互动关系，是民国时期大学校史以及学生生活史研究的力作。[①] 杨禾丰的《圣约翰大学的校园生活及其变迁：1920—1937》专门研究了著名的教会大学圣约翰大学校园生活的方方面面，并将其作为分析历史的工具对圣约翰大学校史上的重大事件重新进行梳理和考证，以弥补既有研究之不足。[②] 张素玲的《文化、性别与教育：1900—1930年代的中国女大学生》聚焦于20世纪初期中国的第一代女大学生，通过她们在不同文化环境中生活画面的描述，展现了那一代女大学生多样的生活状态。[③] 孙崇文的《学生生活图景：世俗内外的教育冲突》研究了抗战以前的基督教大学及学生生活，展现了学校学生常处于极端对立与冲突的矛盾旋涡的中心的画面，并剖析了其内在原因。[④] 姜丽静的《历史的背影：一代女知识分子的教育记忆》，通过对程俊英、冯沅君和庐隐等人在北京女高师的学习生活以及身份认同等问题的研究，揭示出女知识分子在特殊时代的大背景下成长的人生履迹和心路历程。[⑤] 张雪蓉的《美国影响与中国大学变革（1915—1927）：以国立东南大学为研究中心》列专章叙述了20世

---

① 参见［美］叶文心：《民国时期大学校园文化（1919—1937）》，冯夏根、胡少诚、田嵩燕等译，中国人民大学出版社2012年版。

② 参见杨禾丰：《圣约翰大学的校园生活及其变迁：1920—1937》，复旦大学博士学位论文，2008年。

③ 参见张素玲：《文化、性别与教育：1900—1930年代的中国女大学生》，教育科学出版社2007年版。

④ 参见孙崇文：《学生生活图景：世俗内外的教育冲突》，教育科学出版社2008年版。

⑤ 参见姜丽静：《历史的背影：一代女知识分子的教育记忆》，教育科学出版社2012年版。

纪20年代东南大学的学生校园生活，展示了校园生活的新图景。[①] 苏云峰的《从清华学堂到清华大学（1911—1929）：近代中国高等教育研究》也专门介绍清华学生的学习生活和课外活动，生动地再现了当时学生的校园生活场景，叙事流畅、引人入胜。[②] 此外，黄延复的《水木清华：二三十年代清华校园文化》也对当时的清华校园生活有详细介绍。[③] 倪蛟的《抗战时期国立中央大学的学生生活》对抗战时期中央大学学生的学习生活、日常生活、经济状况和政治活动等方面的情况进行了深入探讨。[④]

大学生作为大学的重要组成群体，成为当前校史和教育史关注的重要对象，因此民国时期大学生日常生活研究还散见于各大学校史，各学校校史蕴含大量大学生日常生活的信息，同时也为本课题的研究提供了丰富的资料，这些方面的成果很多，如《交通大学校史》《交通大学校史资料选编》《北京大学校史（1898—1949）》《北京辅仁大学校史 1925—1952》《北京师范大学校史 1902—1982》《清华大学校史稿》《清华大学史料：清华学校时期》《南京大学校史资料选辑》《北洋大学—天津大学校史》《北京师范大学校史：1902—1982》《复旦大学百年志：1905—2005》《东吴大学简史》《河南大学校史》《华中师范大学校史》《东南大学校史》《圣约翰大学史》《金陵女子大学校史》《燕大文史资料》等。

大学生与高校教师密切相关，在关于近代大学教师的日常研究中也有不

---

① 参见张雪蓉：《美国影响与中国大学变革（1915—1927）：以国立东南大学为研究中心》，华龄出版社2006年版。

② 参见苏云峰：《从清华学堂到清华大学（1911—1929）：近代中国高等教育研究》，生活·读书·新知三联书店2001年版。

③ 参见黄延复：《水木清华：二三十年代清华校园文化》，广西师范大学出版社2001年版。

④ 参见倪蛟：《抗战时期国立中央大学的学生生活》，南京大学出版社2017年版。

少反映大学生日常生活的内容。李艳莉的《崇高与平凡——民国时期大学教师日常生活研究（1912—1937）》，对1912—1937年的大学教师的日常生活做全景式概览，其中日常文化生活和交往生活中有不少涉及大学生的日常生活。[①] 王建军的《民国高校教师生活研究》从民国高校教师生活研究的历史定位、学校生活、交往生活、家庭生活四个方面进行探析，其中"教学生活""学术生活"等章节展示了当时师生在校共同学习的场景。[②] 刘振宇、李晓丹的《民国大学导师制下的师生日常交往活动研究》[③]、李艳莉的《民国时期大学师生课余交往生活研究》[④]、申国昌、赵凯的《民国时期高等师范学校学生日常交往研究》[⑤] 等文章也有不少反映大学生日常生活的内容。司徒朔的《北大在1919》，再现了当时北大蔡元培、梁启超、陈寅恪、王国维等知名大师教育活动的历史场景。[⑥] 此外不少回忆性文章和书籍也展现了近代大学教师的日常生活，如陈平原的《老北大的故事》、钟叔河的《过去的大学》等都是代表性著作。

---

① 参见李艳莉：《崇高与平凡——民国时期大学教师日常生活研究（1912—1937）》，福建教育出版社2017年版。

② 参见王建军：《民国高校教师生活研究》，湖南教育出版社2019年版。

③ 参见刘振宇、李晓丹：《民国大学导师制下的师生日常交往活动研究》，《辽宁教育行政学院学报》2018年第4期，第35—39页。

④ 参见李艳莉：《民国时期大学师生课余交往生活研究》，《山东高等教育》2016年第2期，第50—58页。

⑤ 参见申国昌、赵凯：《民国时期高等师范学校学生日常交往研究》，《现代大学教育》2020年第6期，第73—82页。

⑥ 参见司徒朔：《北大在1919》，中国发展出版社2011年版。

二、近代大学生生活的专题研究

第一，学习生活方面。学习生活是大学生在校期间最主要的活动，目前学界以民国时期大学生学习生活为主题的研究较少，其中潘懿璐以北京大学和东南大学为例探讨了民国前期大学生校园学习生活，再现了当时校园学习生活的历史图景，指出当时大学的学习教育具有尊重学生个性发展、强调发挥学生主动精神和动手能力、注重教学方法的改进等特点。[①] 乔安洁探讨了民国时期六所国立高等师范学校师范生的学习生活，从课堂学习以及课外图书馆、修学旅行、社会实践等方面再现了当时大学生的学习生活场景。[②] 在民国大学教材建设方面，杨军、肖朗、吴涛等人对此进行了探讨，指出民国时期的大学教材经历了从大量引进外文原本著作再到自编中文讲义的过程，商务印书馆编印的“大学丛书”对近代中国大学教材建设和发展有深远影响。[③] 在民国时期大学考试方面，郑若玲、袁卫探析了民国大学学业考试制度的演变，认为当时考试制度设计先进、考核方式多样，有利于人才培养质

---

① 参见潘懿璐：《民国前期大学生校园学习生活研究（1912—1927）——以北京大学和东南大学为例》，南京邮电大学硕士学位论文，2021 年。

② 参见乔安洁：《民国时期师范生学习生活研究——以六所高师为例》，河北师范大学硕士学位论文，2021 年。

③ 参见杨军：《民国大学教材出版的缘起及特点探究》，《出版广角》2016 年第 17 期，第 73—81 页；肖朗、吴涛：《中国大学初创时期的教材建设（1895—1912）》，《天津师范大学学报（社会科学版）》2014 年第 2 期，第 53—60 页；肖朗、吴涛：《商务印书馆“大学丛书”与近代中国大学教材建设》，《高等教育研究》2013 年第 12 期，第 72—80 页；洪港：《中国近代大学教材建设述论》，《现代大学教育》2010 年第 3 期，第 81—85 页。

量的提高。[①] 党亭军认为民国时期的学业考试制度具有注重平时和从严治考的特点，为当前大学学业考试制度改进提供了有益借鉴。[②] 纪浩鹏和张妍研究了民国时期的废考运动，认为学生们所阐述的观点虽然切中时弊，但在学理方面的论争尚不充分，废考运动在部分学校取得了成功，同时也成为观察当时学生群体思想的良好侧面。[③]

第二，物质生活方面。物质生活涉及大学生日常生活中的衣食住行。王丽媛研究了20世纪30年代北平大学生的物质生活与身份建构问题，认为当时北平大学生的物质生活分为经济条件优越的“贵族化”大学、本国政府资助的物质生活“平民化”的大学以及物质条件不足的普通私立大学及学院，这些差异塑造着不同的自我及他者形象及身份。[④] 张琳和高福美则通过社会各界对20世纪30年代北平女大学生物质生活的观察和讨论，阐释舆论媒体对女大学生群体形象的构建。[⑤] 在服饰方面，刘玉琪将民国时期的学生服饰置于新文化史研究的视域，认为只有当学生制服真正与民族身份相联系时，才能真正普及并发挥作用，这种矛盾和冲突也是近代知识阶层不断寻求和维

① 参见郑若玲、袁卫:《民国大学学业考试制度演变探析》,《现代大学教育》2019年第3期，第55—62页。

② 参见党亭军:《“注重平时”与“从严治考”——民国时期大学学业考试管理制度研究》,《江苏高教》2013年第1期，第89—91页。

③ 参见纪浩鹏:《五四时期“废除考试运动”研究》,《北京社会科学》2019年12期，第62—73页；张妍:《五四时期的“废考运动”研究》,《教育与考试》2019年第4期，第84—91页。

④ 参见王丽媛:《城市空间和大学场域中的学生生活——1930年代北平大学生的物质生活与身份建构（1930—1937）》,《当代教育科学》2017年第3期，第80—85页。

⑤ 参见张琳、高福美:《古都里的“青春”:1930年代北平女大学生的媒介映像与日常生活》,《福建论坛（人文社会科学版）》2018年第11期，第126—133页。

护自身形象的表达。[①] 张婕、李正探讨了民国时期学生装的多元化形制及其成因，认为民国时期的学生装是东西方服饰文化碰撞的产物，体现出“西风东渐”和追求“民主平等”的近代服装发展趋势。[②]

第三，社团生活方面。民国时期大学生社团是学界研究的热点。张燕认为，西方党会观念、学校训育政策以及西方高校社团的示范作用是近代大学生社团兴起原因，并且具有教师与学生协同下诞生，在排斥与争斗的夹缝中生存，在爱国与利他的动力中前行的特征。[③] 李力认为，抗战前民国大学生社团的主要功能是学术研究、社会服务、文艺娱乐，学生社团的发展具有其自身的内在逻辑。[④] 朱晓凯探讨了民国前期学生自治思潮下省立安徽大学学生社团，认为当时安大的社团类型多样、活动频繁，使安大校园风气变得更加蓬勃和富有朝气，同时也沟通了师生之间的良好关系。[⑤] 李喜所、薛长刚研究了北洋大学的学生社团，对社团的缘起和发展、内部结构和实际运作进行分析，认为其给学生提供了一个展示自我的重要平台。[⑥] 李浩泉对民国时期北京大学的学生社团活动进行了扎实的实证研究和深入的个案分析，清

---

① 参见刘玉琪：《制服与长衫：学生服饰与近代中国男性形象》，《美术学报》2023 年第 3 期，第 123—129 页。

② 参见张婕、李正：《民国时期学生装的多元化形制及其成因》，《丝绸》2021 年第 6 期，第 110—115 页。

③ 参见张燕：《近代中国大学生社团的兴起及其活动特征》，《教育评论》2017 年第 2 期，第 152—156 页。

④ 参见李力：《学术研究 · 社会服务 · 文艺娱乐——抗战前民国大学生社团之形态与功能研究》，《现代大学教育》2014 年第 4 期，第 54—59 页。

⑤ 参见朱晓凯：《民国前期学生自治思潮下省立安徽大学学生社团述论》，《安庆师范大学学报（社会科学版）》2020 年第 5 期，第 40—47 页。

⑥ 参见李喜所、薛长刚：《展示自我：民国时期北洋大学的学生社团》，《历史教学》（下半月刊）2010 年第 4 期，第 9—14 页。

晰再现了民国时期北大学生社团活动的历史图景。[①]张燕以教会大学东吴大学的学生社团作为研究对象，认为其经历了从模仿西方到走向本土化和自主化的历程，成为近代中国大学学生社团的先行者，并在近代中国高校体育事业、话剧事业以及校园学术刊物发展等方面取得了突出成绩。[②]

第四，学生自治生活方面。民国时期学生自治风潮盛行，可以说是当时学生日常生活中最引人瞩目的部分。在学生自治思想方面，学界主要探讨了陶行知、杜威、蒋梦麟、蔡元培、杨贤江、梅贻琦和郭秉文等人的自治思想及其价值，其中陶行知和杜威是研究的重点。如张权力等人分析了陶行知“学生自治”思想的内涵、价值及实践策略探讨，认为陶行知的学生自治思想对于当下学生教育管理仍有重要的启示意义。[③]张礼永认为，杜威“学生自治”思想的提出与其试图通过教育推动社会进步的教育思想密不可分，然而“学生自治”并非灵丹妙药，学生的自治能力也需要培养，当时学生自治弊端丛生与此密不可分。[④]在学生自治的整体研究方面，董柏林着重探析了民国时期学生自治会的发展演变历程及其职能的变化，并探析其背后的社会历史原因。[⑤]向华则从学生自治的历史渊源、产生的思想基础、时代条件、实践表现以及施行过程中理想与现实的矛盾等方面，对民国前期的学生自治

---

① 参见李浩泉：《民国时期北京大学学生社团活动研究》，华中师范大学博士学位论文，2012 年。

② 参见张燕：《东吴大学学生社团研究（1901—1952）》，苏州大学博士学位论文，2015 年。

③ 参见张权力、郁佳梦、刘红：《陶行知“学生自治”思想的内涵、价值及实践策略探讨》，《南京晓庄学院学报》2021 年第 2 期，第 11—15 页。

④ 参见张礼永：《杜威论学生自治》，《宁波大学学报（教育科学版）》2013 年第 2 期，第 11—17 页。

⑤ 参见董柏林：《使命与组织：民国大学学生自治会的历史演讲研究》，南京师范大学博士学位论文，2021 年。

生活进行了梳理。[1]娄岙菲剖析了“五四”后学生自治与校园学潮之间的关系，认为学生自治失败是“五四”后校园学潮迭起的重要原因。[2]陈明胜等人探讨了学生自治会与民国基层社会政治秩序构建与认同的关系，认为政治秩序的有效构建，首先需要符合民意。[3]李力从学生自治会生活、院（科）自治会生活、级会生活三个层面展示了大学生自治生活的图景，认为学生自治在塑造大学形态的同时，也引领现代公民社会的逐渐成长与理性发展。[4]在学生自治的个案研究方面，主要涉及东南大学、北京大学、清华大学、浙江大学、中国公学等学校。例如，严海建认为，中国公学的学生自治制度，因官款的增加带来自治与官办之争，进而激起学潮，凸显学生自治体制的内在困境。[5]何方昱以20世纪40年代浙大校园中的壁报风潮为研究对象，揭示了大学生自治会与学校训导处权力的消长，指出这不仅意味着政府及学校当局对学生管理的失控，还预示着中国未来政治格局的走向。[6]

第五，社会服务生活。社会服务是民国时期大学生日常生活的重要组成部分。在整体性研究方面，许衍琛对近代中国大学社会服务情况从产生

---

① 参见向华：《民国前期学生自治研究》，华中师范大学博士学位论文，2014年。

② 参见娄岙菲：《“五四”后学生自治与校园学潮》，《四川师范大学学报（社会科学版）》2013年第6期，第114—124页。

③ 参见陈明胜、任德新：《民国基层社会政治秩序的建构与认同危机——以学生自治会研究为中心》，《民国档案》2017年第2期，第104—110页。

④ 参见李力：《“自治是生活底方法”：民国时期大学学生自治生活图景考论》，《清华大学教育研究》2015年第4期，第118—124页。

⑤ 参见严海建：《自治与官办之争：1908年新旧中国公学风潮述论》，《现代大学教育》2011年第4期，第69—75页。

⑥ 参见何方昱：《“自治”与“训导”：20世纪40年代浙大校园中的〈生活壁报〉与壁报风潮》，《抗日战争研究》2016年第3期，第52—66页。

与发展、社会服务思想、服务实践等方面进行了全面梳理。[①] 张亚君探讨了1912—1937年的大学生社会服务活动，较为全面地展现了当时大学生参与社会服务的面貌。[②] 牟俊专门探讨了民国时期国立大学学生社会服务的历史变迁，认为国立大学的学生社会服务具有服务内容以爱国教育为主旋律、专业知识为载体、国家导向作用增强等特点。[③] 周谷平等人对近代中国大学社会服务思想的生成、职能的确立、实践的发展及对大学社会服务的反思进行了全面的研究，认为社会服务对更好地实现大学与社会的良性互动有重要意义。[④] 在专题研究方面，研究内容涉及社会教育、医疗服务、农业推广等方面。李瑛探讨了民国时期大学在农业推广方面的问题，认为当时的农业推广活动取得了一定的成就，也促进了大学自身相关专业的发展。[⑤] 在社会教育方面，王雷对近代中国大学社会教育的内容、方式、历史经验等内容进行了全面研究。[⑥] 孙秀玲专门研究了近代中国基督教大学的社会服务，内容涉及医疗卫生服务、农业推广服务以及社会教育服务等方面。[⑦] 李传斌、陈婉燕研究了教会大学在社会医疗服务方面的问题，认为当时教会大学在这方面取

① 参见许衍琛:《近代中国大学社会服务研究》，中国社会科学出版社2021年版。

② 参见张亚君:《民国时期大学生社会服务活动研究（1912—1937）》，河北师范大学硕士学位论文，2021年。

③ 参见牟俊:《民国时期国立大学学生社会服务的历史变迁》，南京师范大学硕士学位论文，2021年。

④ 参见周谷平、孙秀玲:《近代中国大学社会服务探析》，《河北师范大学学报（教育科学版）》2007年第6期，第33—37页。

⑤ 参见李瑛:《民国时期大学农业推广研究》，合肥工业大学出版社2012年版。

⑥ 参见王雷:《大学社会教育研究——基于大学服务社会的历史考察》，人民出版社2013年版。

⑦ 参见孙秀玲:《近代中国基督教大学社会服务研究》，山东人民出版社2013年版。

得了较好的服务效果。[①] 在乡村建设方面，郑大华、李在全等人关于乡村建设运动的专题研究中有很多大学生参与乡村建设方面的内容。[②]

综上所述，学界既有研究对民国时期大学生的日常生活多有涉及，但缺乏对当时大学生日常生活的整体展现，相关研究侧重于政策、制度的分析和探讨，对学生个体关注较少。基于此，本课题拟以学生个体为主体，从学习生活、物质生活、课外生活以及人际交往等方面对大学生的日常生活进行全面揭示。其实在现代史学注重探讨“为什么”的分析性史学背景下，“‘就事论事’的单纯叙事被视为一种低层次的历史写作，甚至不配称作史学”，然而“其实，叙事乃是史学的基本属性，甚至是史学得以成立的基础”。[③] 正如克罗齐所说，“没有叙事，就没有历史”“只有真实的故事被确定下来并被讲述出来之后，才能够去阐释一些具有特殊历史本质的东西”。[④] 历史叙事“是力图把读者引导进入‘事件’内部，让他们‘身临其境’来对‘事件’进行观察”“力图把复杂的问题分析得简单易懂，力图以比较明了、直接、清楚的方式来阐释自己的观点”“不仅使本领域的专家，而且其他领域的学者，甚至大众读者都能读懂，而且喜欢看下去”。[⑤] 因此，本书在研究过程中采用

---

① 参见李传斌：《基督教在华医疗事业与近代中国社会（1835—1937）》，苏州大学博士学位论文，2001 年；陈婉燕：《近代直隶（河北）天主教会医疗卫生事业研究》，河北师范大学硕士学位论文，2011 年。

② 参见郑大华：《民国乡村建设运动》，社会科学文献出版社 2000 年版；李在全：《民国福建乡村建设运动研究》，福建师范大学硕士学位论文，2003 年；等等。

③ 李剑鸣：《历史学家的修养和技艺》（修订本），商务印书馆 2023 年版，第 366 页。

④ ［美］海登·怀特：《形式的内容：叙事话语与历史再现》，董立河译，文津出版社 2005 年版，第 37 页。

⑤ 王笛：《街头文化：成都公共空间、下层民众与地方政治（1870—1930）》，李德英、谢继华、邓丽译，商务印书馆 2013 年版，第 4 页。

叙事史学的方法，注重利用各种回忆史料以及当时学生对学校生活的自述，让史料自身说话，注重展示普通学生个体的身心感受，进而走进他们的内心世界，理解他们的激情与梦想、忧虑与喜悦，探析时代变迁对他们日常生活的影响。

第二章　近代大学生群体的形成

晚清以降，在西方列强的坚船利炮下，古老的中国被迫打开尘封已久的大门。中国被迫打开大门后，开始与西方世界接触和交流，在救亡图存的压力下逐渐认识到要向西方学习，以改变落后的状态。在此背景下，中国教育领域发生巨变，西方的教育思想、教育理念、教育制度传到中国，对中国的教育改革产生了深远的影响。这样，随着时代的发展，中国近代高等教育应运而生，近代大学生也随之出现。当时大学生作为新的社会知识阶层逐渐走上历史舞台，并实现了由“边缘”到“中心”的权势转移，对近代中国历史发展产生了深远的影响。

第一节　清末大学的萌发与大学生群体的诞生

中国近代大学主要分为公办大学、私立大学和教会大学三种类型。就公办大学而言，其萌发于近代洋务运动时期创办的新式学堂。第二次鸦片战争失败后，清政府内部逐渐形成洋务派和顽固派两大阵营。洋务派出于办理洋务的需要，为培养新式人才开始兴办新式学堂。中国人创办的最早的新式学堂是1862年设立的京师同文馆，其主要以培养翻译人才为主。此后在1862—1893年洋务派共兴办20多个这样的新式学校，主要分为语言类学堂、军事类学堂和技术类学堂，这些学堂虽然教授西方知识，但在思想上还是“中体西用”，以传统教育体制和思想为体，以西学为辅。这些学堂管理官僚化，管理者亦为政府官员，学生毕业后亦多出任涉及洋务的官员，从严格意义上讲是附属于洋务事业的教育机构。[①] 虽然如此，但这些学堂在人才培养和促进西学传播方面还是发挥了积极作用，为大学的诞生奠定了基础。

1895年甲午中日战争的惨败，以康有为、梁启超为首的维新派积极要求改革，其中改革诉求之一就是兴办学堂。于是盛宣怀于1895年上奏光绪帝称“日本维新以来，援照西法，广开学堂书院……仅十余年，灿然大备”，因此“自强首在储才，储才必先兴学……职道之愚，当赶紧设立头等学堂、二等学堂各一所为继起者规式”[②]。这样，盛宣怀于1895年经光绪帝御批成立北洋中西学堂，分设头等学堂和二等学堂，其中头等学堂相当于外国的大学本科，二等学堂相当于现在的高中。学界一般认为天津中西学堂是中国近代最早的大学，因办学经费由国家拨款，所以也是最早的国立大学。盛宣怀于1895年创办北洋中西学堂后，于次年又在上海创办了南洋公学，南洋公学分上、中、外、师范四院，其中上院相当于现在的大学，中院相当于现在的中学，外院是由师范院附设的小学，师范院相当于现在的中等师范学校，这样南洋公学即为中国人创办的第二所大学。1898年戊戌变法期间，光绪帝下诏创办京师大学堂，这是第一所由中央政府创办的大学，京师大学堂不仅是当时全国最高学府，还是全国教育的最高行政管理机关。这样在1901年清末新政之前全国共有北洋中西学堂、南洋公学和京师大学堂三所

① 参见田正平、商丽浩：《中国高等教育百年史论》，人民教育出版社2006年版，第42页。

② 盛宣怀：《拟设天津中西学堂章程禀》，陈学恂主编《中国近代教育文选》，人民教育出版社1983年版，第72页。

公办大学。

清末新政开启后，清政府于1901年9月发布上谕，要求“除京师已设大学堂，应行切实整顿外，着各省所有书院，于省城均改设大学堂”[①]，所谓“大学堂”即相当于现在大学。时任山东巡抚袁世凯率先响应，设立山东大学堂，成为各省最早兴办的官立大学堂。自此以后，各省纷纷将学院改为大学堂，或者新设大学堂，如山西大学堂、陕西大学堂、河南大学堂、江西大学堂、苏州省城大学堂、四川通省大学堂、广东大学堂、贵州大学堂、广西大学堂、浙江省城大学堂、湖南省城大学堂、安徽省城大学堂等。[②]然而好景不长，在学制改革过程中清政府的教育政策发生改变。1902年清政府颁布《钦定学堂章程》（壬寅学制之内容）规定“今定省会所设学堂曰高等学堂”“高等学堂之设，使学生于中学卒业后欲入大学分科者，先于高等学堂修业三年，再行送入大学肄业”；[③]1903年颁布的《奏定高等章程》（癸卯学制之内容）进一步规定“高等学堂定各省城设置一所”，高等学堂“以教大学预备科为宗旨”，[④]这样各省的“大学堂”降为“高等学堂”，仅为大学预备科，不再是严格意义上的大学了。即便南洋公学这样的早期大学也在1905年先后被改为商部高等实业学堂、邮传部（上海）高等实业学堂。这样在清政府进行学制改革后，全国仅有京师大学堂、山西大学堂（因有英国人李提摩太介入办学）和天津大学堂这三所公办大学，这种情况一直延续至清朝灭亡。

---

① 璩鑫圭、唐良炎：《中国近代教育史资料汇编·学制演变》，上海教育出版社2007年版，第7页。

② 参见刘秀峰：《论清末民初地方的“大学荒”与“大学梦”的实现》，《教育与教学研究》2021年第6期，第20页。

③ 舒新城：《中国近代教育史资料》，人民教育出版社1981年版，第533页。

④ 同上书，第561页。

当然，如果算上高等学堂（大学预科）、高等农工商实业学堂和优级（高等）师范学校（两者相当于本科）这样广泛意义的大学，大学和大学生的数量就多了。

据统计，截至 1909 年共有大学堂 3 所，学生 746 人；高等学堂 27 所，学生 5196 人；高等实业学堂 13 所，学生 1690 人；优级师范学校 30 所，学生 5349 人，合计共有大学 73 所，学生 12981 人。除此之外，还有专门学堂 104 所，学生 18639 人。[①] 由于当时大学教育起步较晚，培养毕业的学生较少，如京师大学堂分科大学直至 1910 年才开始正式招生，直至辛亥革命爆发尚无本科生毕业，只有预科毕业生 120 人；北洋大学堂直至清朝灭亡有法科毕业生 9 人，工科毕业生 35 人；山西大学堂有法科毕业生 16 人，工科毕业生 19 人，理科毕业生 9 人。[②] 可见，当时中国的高等教育发展还十分孱弱。

教会大学是指西方教会在华创办的大学，虽然学校规模较小、人数不多，但对近代中国大学的发展却产生了深远的影响。教会学校的大学教育兴起较早，1872 年英国传教士狄考文设立的登州文会馆，就已经进行大学教育，被认为是中国近代最早的大学。[③] 其他如 1890 年上海圣约翰书院也开始设置大学课程，招收大学生 2 人，1892 年又招收大学生 3 名。西方传教士乐于在中国兴办大学主要还是出于传教的考虑，即培养高级人才以利于传教活动的开展，如狄考文就曾说："一个受高等教育的人是一支燃着的烛，别的

---

① 资料来源：《第一次教育统计》图表，光绪三十三年（1907 年），第 59—72 页；《第二次教育统计》图表，光绪三十四年（1908 年），第 59—82 页；《第三次教育统计》图表，宣统元年（1909 年）。以上均载于《民国教育统计资料汇编》（第 1 册），国家图书馆出版社 2012 年版，第 76—82 页。

② 参见金以林：《近代中国大学研究》，中央文献出版社 2000 年版，第 32—33 页。

③ 参见徐春阳：《中国第一所现代大学之辨——论登州文会馆的现代大学属性》，《高教学刊》2019 年第 3 期，第 9—11 页。

人就要跟着他的光走。这就中国来说，比其他异教的国家更真实。作为儒学思想的支柱是受高等教育的士大夫阶级。如果我们要取儒学的地位而代之，我们就要准备好自己的人们，用基督教和科学来教育他们，使他们能胜过中国的旧士大夫，因为能取得旧士大夫阶级所占的统治地位。”①

在此背景下，晚清以降中国兴办了大量的教会大学，截至清朝灭亡有圣约翰大学、文华大学、山东基督教联合大学②、岭南学堂③、之江大学、汇文大学、震旦大学、华北协和大学、华北协和女子大学、华北协和神学院、东吴大学、上海浸会大学、华西协和大学、金陵大学、雅礼大学等学校。可见教会大学在设置数量上已经远远超过国内公立大学（不包括高等学堂、高等实业学堂等）。但教会大学人数一般较少，如 1900 年，圣约翰大学学生注册人数为 23 人、华北协和大学学生注册人数为 23 人、之江大学学生注册人数为 25 人；1908 年，上海浸会大学仅招收学生 4 人；1906 年，震旦大学学生人数为 172 人；等等。④

私立大学也是近代大学的重要组成部分。当时私立大学分为中国人举办和外国人举办两种。清末时期私立大学（除私立法政学堂外）共有 5 所，分别是德国医生宝隆于 1907 年在上海设立的德文医学堂⑤，英国福公司于 1909 年在焦作设立的焦作路矿学堂这两所外国人设立的学校；1905 年创办的中国公学和复旦公学，以及 1908 年设立的广东光华医学堂这三所中国人创办的

---

① ［美］狄考文：《如何使教育工作最有效地在中国推进基督教事业》，载朱有瓛主编《中国近代学制史料》（第四辑），华东师范大学出版社 1993 年版，第 473 页。

② 由登州文会馆和山东联合大学于 1902 年合并而来。

③ 1926 年更名为岭南大学。

④ 参见魏珂：《归属与自主：近代大学生教育身体史研究（1895—1937）》，华中师范大学博士学位论文，2017 年，第 28 页。

⑤ 1912 年改称为同济医工学堂，1917 年改为同济医工专门学校，1927 年改为同济大学。

学校。当时中国人创办的私立大学都是为反对外国压迫而设立。中国公学是中国留日学生于1905年为抗议日本文部省颁布《取缔清国留日学生规则》集体回国而组建；复旦公学是震旦大学的爱国学生于1905年为反对法国天主教会干涉校政，集体退学在马相伯的主持下筹设；广东光华医学堂是广东医学界和商界人士于1908年，鉴于1907年在外国人经营的轮船上发生踢死中国人的命案中国医生无缘置喙，为挽救民族尊严，外争医权而设立。

清末时期私立大学的发展主要体现在各省纷纷创办私立法政学堂。在1910年以前清政府严厉禁止私立法政学堂，癸卯学制中就明确规定“私立学堂禁专习政治法律”，唯恐当时学生“妄谈”民主、自由种种“悖谬”，威胁自身统治。然而随着清末立宪的进行，对新式法政人才需求旺盛，仅有的官办法政培养的人才供不应求。1910年，浙江翰林院编修陈敬第、孙智敏，法部主事沈钧儒等人呈请浙江巡抚增韫代奏《请求变通部章准予私立学堂专习法政折》，称法政人才“需才既众，自宜广加培成，以资任使。若专恃官立学堂，为途未免稍狭”，要求“所有各省私立法政专门学堂，应在省会地方，经费充裕、课程完备者，方准呈请设立”。[①] 因为当时立宪运动如火如荼地开展，法政人才“需才孔多”，于是清政府打破癸卯学制的限制允许各省设立私立法政学堂，如福建法政学堂、浙江宁波法政学堂、四川岷江法政学堂等即在这种背景下设立。当然，需要指出的是，这些私立大学和法政学堂从严格意义上来讲，并不是真正意义上的大学，只是相当于大学的预备科，如1906年中国公学开学时学生分为高等普通预科班、中学普通班、师范速成班、理化专科班等，其中高等普通预科班即为大学预科；其他高等学堂按照癸卯学制和壬癸学制的规定也都属于大学预科。

---

① 璩鑫圭、唐良炎编：《中国近代教育史资料汇编·学制演变》，上海教育出版社1991年版，第561—565页。

总体而言，清末时期中国的高等教育发展处于起步阶段，国内严格意义上的公私立大学比较少，只有教会大学数量相对较多但人数普遍偏少，截至1909年包括各类学堂和优级师范学校在内的广义上的大学生约3万人。[①]

第二节　民国时期大学的发展与学生数量的变化

民国建立后结束了清政府在教育上的改良方针，逐步建立起新的教育体制，先后颁布《大学令》《大学规程令》《专门学校令》《私立大学规程令》等一系列法规。根据1912年颁布的《大学令》规定，大学以文、理两科为主，必须或是文理两科并设，或是文科兼法、商两科，或是理科至少兼医、农、工、商中的一科；设立与大学平行的专门学校以及高等师范学校，专门学校以“教授高等学术，养成专门人才”为宗旨；允许设立私立大学，但须教育部批准。因为当时规定“大学预科须附设属于大学不得独立”[②]，而清末时期各省高等学堂仅为大学预备科并不符合民初大学设立的条件，这样各省的高等学堂就失去既有地位，或转为专门学堂，或是停办，以致各省连预科性质的大学都没有。为解决此问题，民初教育部又预备分别在北京、南京、武昌、广州四地设立四所教育部直属国立大学，但因人才和经费匮乏未果。截至1916年，高等教育发展情况如下：第一，在公、私立大学方面，截至

① 参见魏珂：《归属与自主：近代大学生教育身体史研究（1895—1937）》，华中师范大学博士学位论文，2017年，第28页。

② 璩鑫圭、唐良炎：《中国近代教育史资料汇编·学制演变》，上海教育出版社2007年版，第674页。

1916年全国共有3所国立大学和7所私立大学[①]，共有学生5000余人；第二，专门学校，1912年共有111所，学生39633人，1916年学校降为77所，学生15795人[②]；第三，在教会大学方面，各类教会在中国设立大学8所，高等学校34所，合计42所[③]，人数不详。这样合计共有大学生2万人左右，相对于清末时期有所减少。

1917年北京政府颁布《修正大学令》，放宽了大学设置的限制，规定“设两科以上者，得称为大学；但设一科者，称为某科大学”；1922年的“壬戌学制”进一步明确可以设立单科大学校，如医科大学校、法科大学校之类，一时间大学数量激增。因新学制对于大学之设立极宽，私人鉴于办理大学也比较容易，于是纷纷设立大学，“国立大学既有增加，私立大学也增加不少，而各省有各设一省立大学的趋势”[④]，进而掀起设立大学的高潮。截至1925年，共有公立大学34所，其中国立大学25所[⑤]，省立大学9所[⑥]，这些大学绝大部分是由原来的公立专门学校改升而来。在私立大学方面，经政

---

① 公立大学没变化，还是北京大学、北洋大学和山西大学；在私立大学方面，分别是既有的复旦公学、中国公学和新设立的中国大学、朝阳大学、大同大学、中华大学、北京协和医科大学。

② 参见周邦道：《第一次中国教育年鉴》（丙编），开明书店1934年版，第145—146页。

③ 参见曲士培：《中国大学教育发展史》，北京大学出版社2006年版，第28页。

④ 陈翊林：《最近三十年中国教育史》，上海太平洋书店1930年版，第268、279页。

⑤ 分别是北京大学、北京师范大学、北京女子师范大学、北京政法大学、北京工业大学、北京农业大学、北京医科大学、北京交通大学、清华大学、北洋大学、交通部唐山大学、东南大学、河海工程大学、上海商科大学、暨南学校、南洋大学、武昌商科大学、西北大学、成都大学、广东大学、同济大学、政治大学、武昌大学、北京女子大学、湖北省立法政大学。

⑥ 分别是河北大学、东北大学、中州大学、江苏法政大学、江苏医科大学、山西大学、湖北省立文科大学、湖北省立医科大学、东陆大学。

府认可的私立大学13所[①]，此外还有不少因人才及经济关系开办不久自动撤销，或因设备简陋经政府取缔者，或当时尚未核准立案或认可的大学。[②]可见，在短短的3年里，公立大学相较于以前增加了十倍，经政府核准的私立大学也增加了两倍，私立大学得到较快发展。截至1925年，全国共有大学及专门学校108所，学生人数36321人[③]，相较于以前皆大有增加。

新学制施行后大学数量骤增，但也存在不少问题，"内容则愈趋愈下，甚至借办学以敛钱，以开办大学为经营者有之"[④]，教育质量并无提高，学校内部管理混乱。针对这种情况，1924年全国教育联合会就提出，"近年以来，公私立大学之创设，不下数十余处，其中名与实符者固属不少，而设备简陋，宗旨乖异者为数实多。若不切实限制，严格考核，妨碍教育前途，贻害青年学子，实匪浅鲜"[⑤]。为此，教育部于1925年专门颁布《私立专门以上学校认可条例》，其最显著的特点就是设置了私立高校的"试办期"，要求私立高校在开学后三个月内将相关情况呈报教育部，教育总长经派员视察，认为校址、校舍、学则、学科分配、教职员资格、学生资格、经济状况、各项设备均符合要求后，"由部批准试办，以三年为试办期""在试办期教育总长认为办理不合格者，得令其停止试办"。[⑥]然而，当时北洋政府政局动荡，政

① 分别是南开大学、复旦大学、金陵大学、中国大学、华中大学、朝阳大学、民国大学、大同大学、汉口明德大学、江西心远大学等。

② 当时准予试办而尚未核准立案或认可的大学还有不少，如北京中央大学、畿辅大学、孔教大学、郁文大学、东方大学、辅仁大学、文化大学、南方大学、上海法政大学、东吴大学法科、大夏大学、光华大学、湖南群治大学、南通农科大学等。

③ 参见《全国中等以上学校之统计》，《中华基督教教育季刊》1927年第3期，第48页。

④ 周邦道：《第一次中国教育年鉴》（丙编），开明书店1934年版，第17页。

⑤ 《请教育部严定大学设立标准案》，《教育杂志》1924年第12号，第13页。

⑥ 《私立专门以上学校认可条例》，《江苏教育公报》1925年第7期，第1页。

令难以通行，这种高等教育紊乱的局面并未得到改善。

1927年国民政府成立后，为改变当时大学滥设的局面，教育部开始进行整顿，于1929年颁布《大学组织法》，规定大学可设立文、理、法、教育艺术、商、农、工、医药八种学院，具备三种学院以上者可称大学，并且三种学院中必须含理、农、工、医药学院之一种，对于不符合要求的大学降为独立学院。这样不仅取消了单科大学，而且设立大学的条件相较于北洋时期1912年《大学令》大学须设两科的规定，要求明显提高，不少大学因此都纷纷改为学院。例如，朝阳大学改为朝阳学院、金陵大学改为金陵文理学院等。对于私立大学的设立则严定立案程序，并详细视察，不合规定者概不予以立案，立案后成绩不良者或发展无望者要求撤销。同时，要求各省公立大学性质相近者，即酌予归并，如四川成都师范大学、成都大学、公立四川大学，合并归为国立四川大学；山西省立法学院、教育学院归并于山西大学。通过这些整顿，在国民政府时期大学的发展进入规范阶段。

虽然民国时期因大学的标准不断调整，导致大学的数量不断波动，但总体而言随着社会经济的发展，高等教育学校数量和大学生（广义上的大学生）人数总体呈现上升趋势，具体概况见表2-1。

表2-1　民国时期高等教育学校及学生数量情况统计

年份	学校数量				学生人数				
	总数/所	大学及独立学院/所	专科学校/所	大学及独立学院占比/%	总数/人	研究生及大学生/人	专科及专修生/人	研究生及大学生占比/%	总人数增减/人
1912	115	4	111	3	40114	481	39633	1	-
1913	116	7	109	6	38373	1371	37002	4	↓ 1741
1914	102	7	95	7	32079	730	31346	2	↓ 6294
1915	104	10	94	10	25242	1219	24023	5	↓ 6837

续表

年份	学校数量				学生人数				
	总数/所	大学及独立学院/所	专科学校/所	大学及独立学院占比/%	总数/人	研究生及大学生/人	专科及专修生/人	研究生及大学生占比/%	总人数增减/人
1916	86	10	76	12	17241	1446	15795	8	↓ 8001
1917	–	10	–	–	–	–	1552	–	–
1918	89	10	79	11	–	–	7863	–	–
1919	–	10	–	–	–	–	–	–	–
1920	87	11	76	13	–	–	9734	–	–
1921	–	15	–	–	–	–	–	–	–
1922	–	18	–	–	–	–	–	–	–
1923	–	24	–	–	–	–	–	–	–
1924	–	32	–	–	–	–	–	–	–
1925	108	50	58	46	36321	25278	11043	70	–
1926	–	56	–	–	–	–	–	–	–
1927	–	44	–	–	–	–	–	–	–
1928	74	49	25	66	25198	17792	7406	70	–
1929	76	50	26	66	29123	21320	7803	73	↑ 3925
1930	85	58	27	68	37566	28677	8889	76	↑ 8443
1931	103	73	30	71	42710	33966	10201	76	↑ 6601
1932	103	76	27	74	44167	35640	7070	83	↓ 1457
1933	108	79	29	73	42936	37600	5336	87	↑ 226
1934	110	79	31	72	41768	37257	4511	89	↓ 1168

续表

年份	学校数量				学生人数				
	总数/所	大学及独立学院/所	专科学校/所	大学及独立学院占比/%	总数/人	研究生及大学生/人	专科及专修生/人	研究生及大学生占比/%	总人数增减/人
1935	108	80	28	74	41128	36978	4150	90	↓ 640
1936	108	78	30	72	41922	37330	4592	89	↑ 794
1937	91	67	24	74	31188	27926	3262	90	↓ 31188

资料来源：《历年度全国专科以上学校概况》，载教育部教育年鉴编纂委员会编《第二次中国教育年鉴》（第 14 编·教育统计），第 1400 页。

通过表 2-1 可以看出：第一，民国时期大学数量总体维持在 100 所左右，1912 年、1913 年大学总数为民国时期最多，显示出在民主自由思想的影响下，社会掀起了兴办大学的热潮。北洋军阀统治时期（1916—1927 年）和 1928—1930 年大学总数偏少，已知年份都少于 100 所，这主要是因当时政局不稳定、军阀混战、北伐战争和新军阀混战等因素影响社会经济安定，表明高等教育的发展深受社会环境影响。

第二，民国时期高等教育取得发展。这表现在三个方面：其一，“大学及独立学院”的绝对数量在增长，从 1912 年的 4 所上升到 1936 年的 78 所。其二，从高等学校的构成来看，大学及独立学院与专科学校的数量呈现此消彼长的态势，“大学及独立学院占比”由 1912 年的 3%，上升到 1937 年的 74%，说明学校的层次在提高。其三，从学生受教育的层次来看，民国初期绝大部分大学生在专门学校接受教育，“研究生及大学生占比”最低仅为 1%，最高亦不过 8%，自 1934 年起基本都保持在 90% 左右的水平，说明绝大部分大学生在大学及独立学院求学，受教育程度明显更优。

第三，民国时期大学生人数一般维持在三四万人的规模，在 1912 年大学生人数就达到 4 万余人，比清末时期近 3 万人多出 1 万人，显示出在民主共和思想的影响下，高等教育蓬勃发展的景象。然而自此以后大学生数量逐年下降，显示出民初袁世凯压抑、沉闷的统治对教育领域造成的负面影响，直至 1916 年（袁世凯于该年 6 月去世）大学生人数降到 1.7 万人，不仅是民国时期大学生人数的最低点，甚至不及清末时期大学生人数的 60%，这无疑是高等教育发展的倒退。

第四，民国时期大学生总数稳定在三四万人，相对于当时中国 4 亿人口来说，高等教育的规模总体偏小。即便当时大学生数量不多，但民国时期大学生就业难成为严重的社会问题，显示出民国时期社会经济发展落后，难以为这些大学生提供充足的就业岗位。

第三节　民国时期大学生的基本情况

民国时期大学生数量不多，总体上维持在三四万人，但他们作为新知识群体在社会上释放的能量是巨大的，深深地影响着中国近代历史的发展进程。

分析当时大学生群体的构成，则会发现他们的具体生存空间还是有一定差异，下面就以教育部高等教育司编的《二十一年度全国高等教育概况统计》为基础数据，对大学生的地域分布、校际分布、院系分布等情况略做探讨（见表 2-2、表 2-3）。

表 2-2　1932 年全国各大学学生人数统计　　单位：人

校别	序号	校名	学生数量		学校位置
			总人数	女生数量	
国立大学	1	北平大学	1981	428	北京
	2	清华大学	628	52	北京
	3	北京大学	944	39	北京
	4	北平师范大学	880	315	北京
	5	交通大学	675	24	上海
	6	暨南大学	780	66	上海
	7	同济大学	472	14	上海
	8	中山大学	1824	199	广东
	9	浙江大学	605	42	浙江
	10	武汉大学	610	38	湖北
	11	中央大学	1878	229	江苏
	12	山东大学	218	10	山东
	13	四川大学	1410	118	四川
	合计		12905	1574	
省立大学	1	东北大学	808	87	辽宁
	2	山西大学	780	6	山西
	3	河南大学	660	40	河南
	4	湖南大学	470	58	湖南
	5	安徽大学	401	89	安徽
	6	东北交通大学	214	–	辽宁
	7	广西大学	180	9	广西
	8	吉林大学	167	1	吉林
	9	东陆大学	96	11	云南
	合计		3776	301	
私立大学	1	大同大学	380	59	上海
	2	沪江大学	502	168	上海

续表

校别	序号	校名	学生数量		学校位置
			总人数	女生数量	
私立大学	3	震旦大学	228	–	上海
	4	光华大学	578	111	上海
	5	大夏大学	1358	208	上海
	6	东吴大学	887	43	上海
	7	复旦大学	1109	141	上海
	8	广东国民大学	874	122	广东
	9	广州大学	445	26	广东
	10	岭南大学	351	84	广东
	11	中法大学	278	40	北京
	12	燕京大学	540	108	北京
	13	武昌中华大学	500	70	湖北
	14	武昌华中大学	105	32	湖北
	15	齐鲁大学	380	82	山东
	16	金陵大学	568	68	江苏
	17	辅仁大学	565	–	北京
	18	厦门大学	485	88	福建
	19	南开大学	454	72	天津
	合计		10587	1522	

资料来源：《全国各独立学院二十一年度概况》，载《二十一年度全国高等教育概况统计》，南京：教育部公报刊物发行处，1934 年。

表 2-3　1932 年全国各学院学生人数统计　　单位：人

校别	序号	校名	学生数量		学校位置
			总人数	女生数量	
国立学院	1	上海商学院	200	–	上海
	2	上海医学院	97	16	上海
	3	中法国立工学院	58	–	上海
	4	北洋工学院	335	–	天津

续表

校别	序号	校名	学生数量		学校位置
			总人数	女生数量	
国立学院	5	广东法科学院	384	14	广东
	合计		1074	30	
省立学院	1	河北女子师范学院	315	315	河北
	2	河北工业学院	154	1	河北
	3	河北医学院	128	19	河北
	4	河北农学院	76	1	河北
	5	河北法商学院	228	17	河北
	6	山西教育学院	192	20	山西
	7	山西法学院	305	6	山西
	8	江苏教育学院	254	37	江苏
	9	甘肃法政学院	95	–	甘肃
	10	新疆俄文法政学院	81	–	新疆
	11	湖北教育学院	180	–	湖北
	合计		2008	416	
私立学院	1	正风文学院	204	35	上海
	2	中国公学	410	28	上海
	3	持志学院	701	35	上海
	4	上海法政学院	720	80	上海
	5	上海法学院	427	55	上海
	6	朝阳学院	1709	46	北京
	7	中国学院	1725	150	北京
	8	协和医学院	108	20	北京
	9	北平铁路学院	474	16	北京
	10	民国学院	1552	161	北京
	11	福建协和医学院	164	20	福建
	12	福建学院	187	12	福建

续表

校别	序号	校名	学生数量		学校位置
			总人数	女生数量	
私立学院	13	华南女子文理学院	50	50	福建
	14	南通学院	880	18	江苏
	15	金陵女子文理学院	192	192	江苏
	16	之江文理学院	355	55	浙江
	17	湘雅医学院	70	9	湖南
	18	焦作工学院	110	–	河南
	19	夏葛医学院	49	49	广东
	合计		10087	1031	

资料来源：《全国各独立学院二十一年度概况》，载《二十一年度全国高等教育概况统计》，南京：教育部公报刊物发行处，1934年。

从表2–2、表2–3中可以看出：第一，大学生区域分布差异大，呈现极端不平衡的特点。民国时期大学主要集中在河北（包括北京，17所）、江苏（包括上海，21所）两省，占总数的50%，其中又集中分布于上海（18所）、北京（12所）。除此以外，广东有6所、福建有4所，东部、东南地区和东北地区的大学数量比西南、西北地区多，像贵州、陕西、江西等省份都没有大学，云南东陆大学学生人数也不足百人。与之相对应，大学生也主要集中于东部和东南地区，特别是上海和北京两地，广大西部地区学生数量相对较少。北京和上海能成为近代以来学生活动的中心，与大学生的这种分布情况有直接关系。

第二，大学生校际分布差异大。首先，在学生人数上，依次是私立大学、国立大学和省立大学，其中私立大学20674人，国立大学13979人，省立大学5784人，显示出当时私立大学在高等教育中的重要地位。然而当时大学教师的分布特点是国立大学教师数量要多于私立大学[①]，这无疑会影响

① 参见李艳莉：《崇高与平凡——民国时期大学教师日常生活研究（1912—1937）》，华中师范大学博士学位论文，2015年，第30页。

公私事业，皆失去其教育力量所能赋予之激发矣。或谓中国之忽视科学与工科乃系经济落后之故，不知正唯经济落后，所以科学与工科，乃有加倍发展之必要”①。

在全国大学生籍贯方面，据《第一次中国教育年鉴》对各省大学生在全国占比的统计：江苏（15.1%）、广东（13.3%），这两省籍贯大学生位居首位；河北（9.6%）、浙江（7.7%）、辽宁（6.8%）、四川（6.6%）、福建（5.9%）、山西（5.4%）、安徽（4.3%）、山东（4.2%）、湖南（3.6%）、江西（3.1%）、湖北（3%）、河南（2.8%）等省次之；而以西康（0.01%）、蒙古（0.1%弱）为最少；外籍生亦有37人，仅占0.08%。②将这个统计数据与《二十一年度全国高等教育概况统计》中大学生籍贯相比对，可知大体上是准确的，据统计当时江苏有7122人，广东有6072人，河北有4142人，四川2853人，这些省份大学生人数都位居前列；人数最少的几个省份分别是西藏51人、青海42人、宁夏20人、蒙古11人、西康7人。③

大学生这种籍贯分布情况与当时大学的分布和各省经济状况、文化氛围密切相关。例如，江苏自古以来就文教昌盛，特别是上海作为具有全国性影响力的城市各方面事业都比较发达，因此江苏籍贯的学生远多于其他省份；广东近代以来开埠最早，在文化上得风气之先，社会经济也较发达，是南方地区的政治、经济、文化中心，大学数量亦在全国名列前茅，因此读大学的学生也比较多，甚至超过了大学数量居第二位的河北省。再如，山西深居内陆但山西籍大学生数量却不少，这一方面是因为山西有中国最早的三所大学

① 国联教育考察团：《中国教育之改进》，国立编译馆1932年版，第165页。

② 参见《高等教育统计》，载《第一次中国教育年鉴》（丁编），开明书店1934年版，第4页。

③ 参见《全国二十一年度专科以上学生籍贯人数与各省人口之比率》，载教育部高等教育司编《二十一年度全国高等教育概况统计》，第43页。

之一——山西大学堂，对于教育风气的带动无疑具有重要作用；另一方面，民国时期山西政局总体来说比较安定，较少受到战乱的影响，给教育发展提供了较好的环境。江西、安徽、湖南、湖北等省位居长江中下游地区，然而大学生数量却普遍不多，这与这些地方大学数量较少不无关系，如一位叫邓尉梅的学生在1927年投考择校时就说："现在读书的地方平心而论，华中（包括江西、安徽、湖南、湖北）实在太可怜了。"①

在全国大学生的家庭背景方面，据《第一次中国教育年鉴》统计，以农界者为最多，占25.9%，商界占23.9%，学界占22.2%，政界占11.5%；次之，工界占2.9%，医界占2.5%，法界占2.4%，军界占2.1%；又次之，而以警界为最少只占0.5%。② 参之1932年《二十一年度全国高等教育概况统计》，商占24.4%，学占23.8%，农占20.1%，政占11.4%，法占2.4%，医占2.3%，军占2.3%，警占0.6%，宗教占0.4%，其他占9%。③ 可见二者的统计基本相同，学生主要源于农业、商业、官员以及知识分子家庭。潘光旦回忆起清华的学习生活时说，"当年清华学生的阶级成分……官僚、地主、买办、士绅与小资产阶级的子弟占压倒的多数是无疑的"④，其中官僚属于政界，地主属于农界⑤，买办和小资产阶级属于商界，士绅属于学界，亦可以印证数据的统计大体是正确的。然而两个统计的不同之处，即商人子弟和

---

① 邓尉梅：《半岁的生涯—投考者的痛苦》，《学生杂志》1927年第3期。

② 参见《高等教育统计》，载《第一次中国教育年鉴》（丁编），开明书店1934年版，第5页。

③ 参见教育部教育司编：《二十一年度全国高等教育概况统计》，1934年。

④ 全国政协文史委员会编辑：《当代著名学者自述·学林碎影》，中华文史出版社2000年版，第229页。

⑤ 当然，普通农民也属于农界之列，但民国时期大学生上学成本相对较高，非一般农民所能承受，潘光旦就曾说，当时清华"工农出身的子弟，如今回忆起来，竟想不出几个明确的例子来"，因此，此处所谓"农"应该是指农村的地主阶级。

地主出身的农业子弟到底谁占比高的问题。李中清、梁晨等人经研究认为，民国时期新兴的商人群体和专业职业技术人员子弟占据了教育精英垄断地位；[①] 王笑尘对此提出质疑，认为当时“地主出身的农业子弟仍然在长时间内是大学生最主要的社会来源”，20 世纪 30 年代农业经济衰败使地主的收入减少，一些经济条件较差的家庭难以承担子女上大学的费用，以致农村生源减少，这样大学生的主要社会来源就逐渐变为商人子弟。[②] 这或许能为此问题的解释提供参考。

小　结

近代大学作为东学西渐的产物，在社会转型背景下其发展演变与社会政治经济发展密切相关。截至抗战爆发前，就近代大学发展的阶段性而言，主要经历了清末时期大学教育的萌芽，民初近代大学教育的兴起以及南京国民政府时期大学教育的整顿和规范。从近代大学教育发展的历程来看，因不同时期高等教育政策的变化，使大学以及大学生数量变化较大，但总体来说近代大学的规模偏小，学生人数也不多，维持在四万人左右。然而自科举制度废除后大学生作为新兴的知识阶层是推动社会变革的主要力量，在政治上是历次政治运动的重要参与者，在经济上为促进近代经济转型和经济发展提供智力支撑，在文化上是新思想和新文化的重要传播者，在社会上开发民智、

① 参见梁晨、董浩、任韵竹、李中清：《江山代有才人出——中国教育精英的来源与转变（1865—2014）》，《社会学研究》2017 年第 3 期，第 48—70 页。

② 参见王笑尘：《民国大学生社会来源的转变：1930—1949》，《教育进展》2022 年第 8 期，第 3148—3152 页。

移风易俗引领社会风貌变革，在推进中国近代化转型中发挥着无可替代的作用。李书城曾说："二十世纪竞争之点，既集于中国之学生矣，其或本此能力以竞争而获胜利也，则二十世纪之中国，乃中国人之中国，吾学生为之支配之，为之整齐之。"① 然而这些都是大学生日常生活的重要组成部分，大学生的成长发展无法脱离其所处的时代，深入探析大学生的日常生活可以探析社会变革对近代教育发展的影响，以及大学生与近代社会政治文化变迁的互动。有学者曾指出："教育中的许多问题，如果从另外一个角度看，都是政治问题，甚至有人说，教育就其本质而言，是政治性的。"② 以此窥探近代中国政治的某些侧面不啻为一个较好的取向。

① 张枬、王忍之编：《辛亥革命前十年间时论选集》（第1卷·上），生活·读书·新知三联书店1960年版，第459页。

② 瞿葆奎、沈剑平选编：《教育学文集·教育与教育学》，人民教育出版1993年版，第874页。

第三章　民国时期大学生的学习生活

学习生活是大学生校园生活中至关重要的组成部分。学生在校期间的学习生活由师生的教学与学习活动共同构成，并在不同的场域中进行教与学的实践。大学生的学习生活包括课堂学习、自主学习和考试生活等方面的内容。课堂学习帮助学生系统地掌握专业知识，自主学习则鼓励学生发展独立思考和解决问题的能力。同时，考试不仅是对学生学习成果的检验，更是培养其应对压力和时间管理能力的重要环节。大学生的学习生活不仅使学生能够全面学习科学文化知识，更是塑造和培养学生个性、品格及社会责任感的关键途径。在这个过程中，学生逐渐融入社会，学会如何与他人合作与沟通，实现个体的社会化。这种全面的学习生活，不仅对学生当前的成长至关重要，而且对其未来的人生轨迹和命运具有深远的影响。因此，大学的学习生活不仅是知识的积累，更是个人成长和成熟的重要阶段。

第一节　课堂学习

课堂学习是学生进行学习的主要方式，学生的课堂生活是学生生活的主要图景。我们应该看到大学作为新式高等教育机构，在教育环境、教学形式、教学效果以及学生的学习方法等方面相对于旧式教育都发生了显著变化。在师生的教学互动下，共同演绎了生动的课堂学习生活画卷。

一、中西并举的课程内容

中国传统学术历来强调汇通，反对将学术分而治之，读书人对各种学问也多兼而治之。[①] 如钱穆曾说："中国古人并不曾把文学、史学、宗教、哲学各别分类独立起来，无（毋）宁是看重其相互关系，及其可相通合一处。因此中国人看学问，常认为其是一整体，多主张会通各方面而作为一种综合性的研究。"[②] 晚清以降，随着"西学东渐"，分科治学的观念传到中国，逐渐产生现代学术。中国近代的大学制度在西力冲击下应运而生，作为西方影响下建立的高等教育机构，自然也把西学纳入主流课程体系。然而自清末以来，在西学的冲击下中学的地位一落千丈；步入民国以后，中学（当时称"国学"[③]）不仅继续受到西学的冲击还受到国家的轻视，北洋政府教育部下令取消读经，两次颁布的学制都没有涉及国学教育问题，似乎"教育方面的一系列改革举措，几乎无一例外都是针对着国学来的，每一举措都对国学的地位有所削弱"[④]。在向西方学习乃至主张全盘西化的浪潮中，英语在学校的应用非常普遍，这体现了对西方文化与科技的追求和吸纳。然而，随着民族意

---

① 参见罗志田：《西学冲击下近代中国学术分科的演变》，《社会科学研究》2003年第1期，第107—114页。

② 钱穆：《中国学术通义·四部概论》，载罗联添编《国学论文选》，台北，学生书局1985年版，第4页。

③ 因为经过严复等对"中体西用"的批评，"中学"或"旧学"的称谓已经不太流行，多以"国学"来概括中国的传统文化。

④ 熊贤君：《现代中国国学教育运动形成原因破译》，《华东师范大学学报（教育科学版）》2006年第1期，第79页。

识的逐渐觉醒，以及对西学带来的文化冲击的担忧，许多知识界人士开始大力主张加强国学教育和研究。这一转变使大学的教学内容在近代中西方文化的交融与冲突的大背景下，呈现中西并举的特征。大学课程不仅包括西方的科学技术和人文知识，同时也强调了对中国传统文化和思想的深入学习和研究。这种中西并举的教学内容是近代中国教育转型过程中的一种积极探索，旨在实现中西文化的有机融合，培养出既具有国际视野又深谙本土文化的优秀人才。

（一）英语受到高度重视

20 世纪二三十年代，大学中除了文、史、哲和汉语言等课程外，几乎所有的大学科目基本都采用英文教科书和参考书。最早将英语作为大学教学语言的是圣约翰大学，当时校长卜舫济提出除国文外其他学科全部采用英语，认为“英语作为传播新教育之利器，是将现代教育介绍到中国的关键……英语是教学的媒介，现代科学、数学、欧洲史、经济学、逻辑学等新型学科都要用英语的教科书”[①]。如圣约翰校友张仲礼曾回忆说：“约大中文课也有。但除了中文课之外，其他的科都是以英文为主的，用英文讲的，即使是中国老师，也是用英文讲的……像我们这样中学里就习惯直接英语教学的学生，对于大学的英语课学得比较轻松。”[②] 其他教会学校基本也是如此，如沪江大学除国文、中国历史、中国地理等课程外，几乎所有课程采用英文课本并以英文讲授，在学校日常生活中也以讲英文为荣，学生英文程度较高。费孝通回忆 20 世纪 30 年代他在燕京大学社会学系学习时说：“以中国教授

① 转引自施扣柱：《青春飞扬——近代上海学生生活》，上海辞书出版社 2009 年版，第 49 页。

② 张仲礼回忆、施扣柱访问整理：《我的学校生活与教研生涯》，载《史林》2004 年 S1 期，第 30—41 页。

用中国语言讲课的还属开风气之先，但是所用课本还几乎全是英文。”①

当时不仅教会学校普遍使用英文教材，国内公私立大学也普遍如此。冯燮墀回忆其父冯叔捷任教北洋大学应用英文教科书的情景时说：“自儿时就看到父亲每天在备课制图，在用英文打字机打字。那时教科书是英文原版的，老师用英文讲授，用英文测验。先生准备的教材也要用英文打字交校方复印。”②陈季能回忆当时学校采用英文教材时的情景时说：“第一年，我的政治学教授，每次带着一叠厚厚的洋文书来到教室，天南地北地讲，然而我只听他说美国的总统，英国的国会，我听到末一个钟点，我不曾听他讲一讲中国，连一个例子也不曾引过。”③任鸿隽在1918年前后就曾跟朋友谈道：“近闻国内各大学教授科学课程，多用外国课本，且用外国语讲授，此吾期期以为不可者。”④然而十余年后这种情况并未有所改观，据任鸿隽于1933年的调查（以大学一年级理科教科书为例做抽样调查），结果显示：20本普通物理学教科书中，英文有19本，中文有1本，所占比例分别为95%和5%；20本普通化学教科书中，英文有19本，中文有1本，所占比例分别为95%和5%；13本普通生物学教科书中，英文有11本，中文有2本，所占比例分别为85%和15%；12本算学教科书中，英文有12本，中文有0本，所占比例分别为100%和0。可见，大一年级物理、化学、算学几乎完全用的是外国教科书。当时不啻大学如此，高中亦然。高中物理、化学、生物、代数、平

① 费孝通：《略谈中国社会学》，载《费孝通文集》（第13卷），群言出版社1999年版，第6页。

② 冯燮墀：《把一生奉献给教育事业的冯叔捷先生》，载左森、胡如光《回忆北洋大学》，天津大学出版社1989年版，第109页。

③ 陈季能：《三年的大学生活》，《华章》1932年第15期，第288页。

④ 任鸿隽：《一个关于理科教科书的调查》，《独立评论》1933年第61号，第6页。

面几何、立体几何、三角法、平面解析几何 8 种教科书中，除生物以外，无一科不是外国教科书占到 50% 以上，其中平面解析几何甚至占到 92%。[①]

科学类课程教科书绝大部分为英语，主要有以下两个方面的原因：其一，“教师和学生仍不能摆脱崇拜西文的心理，以为凡学科能用西文原书教授，便可以显得他的程度特别高深，于是即使中文里有同样可用的书，他们也宁愿舍中而用西”；其二，“中文出版的书实在太差了，而且选择又少，不容易满足各个学校的特别需求，所以不得不取材于异域”。然而最主要的原因还是第二个，“不信且看近年中国的生物科学，比较其他的物质科学稍微发达一点，生物学的教科书也多出了几本，于是中文的生物学教本，在大学与高中里面，比任何科学所占的百分数都高”。[②] 高觉敷也曾说在心理学方面，关于外国学问的中国书籍中“可以作大学校的教本的，作者不敏，实在选不出一本”[③]。这也从侧面显示出，“西学东渐”虽历经半个世纪的历程，但国内现代学科的发展仍然十分幼稚。像中文、史地等文科学系难以援引外国原本教材，国内出版的教科书又质量堪忧。

在此情况下，当时不少教师都自编讲义，如钱穆任教燕京、北大等学校时，“每次上堂必写此一堂之讲授大纲及参考材料”[④]；鲁迅讲到他在厦门大学任教的情况时说“中国文学史，须编讲义。看看这里旧存的讲义，则我随

---

① 参见任鸿隽：《一个关于理科教科书的调查》，《独立评论》1933 年第 61 号，第 6—8 页。

② 任鸿隽：《一个关于理科教科书的调查》，《独立评论》1933 年第 61 号，第 9 页。

③ 高觉敷：《囫囵吞枣式的美国化的教育》，《教育杂志》1925 年第 12 期，第 3 页。

④ 钱穆：《八十忆双亲·师友杂忆》，九州出版社 2012 年版，第 149 页。

便讲讲就很够了，但我还想认真一点，编成一部较好的文学史”[①]；胡适在北大任教时在给母亲写的信中也曾提及，“今天写讲义，直到半夜后一点半钟。写好了，还高兴”[②]。然而编写教材在给教师带来教学上愉悦的同时，却因搜罗、整理、研究资料是个劳神费力的苦差事，以致“编讲义与预备功课，要算教员生活中最苦的事”“大约教课一小时，至少要费两小时编讲义。因此教课稍多的人，就忙得整日整夜地开快车”。[③] 萧公权回忆其在南开大学教授中国政治思想这门课时，一周 9 小时的课程竟要花 45 小时去备课，是上课时间的 5 倍，以致“伏案工作时常要到子夜”[④]。

因民国时期大学教授普遍有留学经历，不少学校还有外籍教师（教会大学更是外籍教师占主体）[⑤]，因此理工财经等学科除普遍使用英文教材外，在授课、课堂作业、阅读材料等方面也都用英文。如清华大学“所有用外文的书籍，教授皆直接教授，不掺杂中国的语言，学生们过去在中学时代，已经

---

① 鲁迅：《两地书·四十一》，载《鲁迅全集》（第 11 卷），人民文学出版社 1981 年版，第 119 页。

② 胡适：《致母亲（1918 年 2 月 7 日）》，载耿云志、欧阳哲生编《胡适书信集》（上），北京大学出版社 1996 年版，第 124 页。

③ 汪翰章：《上海教员的生活》，《现代学生》1930 年第 2 期，第 5—6 页。

④ ［美］萧公权：《问学谏往录·萧公权治学漫忆》，学林出版社 1997 年版，第 100 页。

⑤ 如 1922 年北京大学共有 189 名中国籍教员，有留学经历且确切可考者 113 人，占全部教员总数 59.79%；1916 年、1918 年、1922 年、1924 年、1926 年担任教职的外国教员分别有 27 人、12 人、17 人、19 人、16 人。郭秉文担任东南大学校长期间，延聘的 210 名教师中，明确有留学经历者达 140 人，外籍教师 18 人，合计占全校教师总数的 74.53%。1924 年度广东大学的教授中具有留学经历者达 45 人。1932 年武汉大学共有教授 71 人，有留学经历者 41 人，占 57.75%。1934 年同济大学共有在校教师 37 人，外籍教师 23 人，占 62.16%。即便深处内陆的成都大学，1929 年共有教师 123 人，其中外籍教师 30 人，归国留学生 71 人，合计占 82.11%。参见金燕：《民国国立大学国际化办学研究（1917—1937）》，西南大学博士学位论文，2022 年。

受了相当的英语”[①]。交通大学上海学校，其中学课程“注重英文、算学、国文、理化等，较一般普通中学校稍微高深稍微认真，全用英文课本，亦用英语教授，不过教员全系中国人，学理较深的间用夹杂英文术语的华语讲解”[②]；其大学部以工科为主，不仅用英文授课，还常用英语命题考试（见图3-1），如在1931年的入学考试中除国文和党义两科外，经济、数学、化学、物理、簿记乃至史地等科用均英文考试。[③]海外华侨陈嘉庚创办的厦门大学1930年度入学考试中的物理、化学、几何、三角、高等代数、解析几何、簿记、经济原理等科也全都用英文。[④]中国较早成立的大学——复旦公学在1905年创办之初就在学校章程中明文规定：“除备斋本国历史、舆地、数学诸科，须用中文外，余皆用西文教授，以（为）正法。”[⑤]对复旦公学采用全英文教学的原因，身为校董之一的严复曾有阐释，“既治西学，自必用西文西语而得其真”[⑥]，即若阅读翻译之西书，不若原文来得真切。

当时各个学校普遍重视英语，除当时中文教材和国内学术发展落后等原因外，更重要的是当时社会普遍把学习英语当作实现社会进阶的阶梯。如叶圣陶曾说：“学生读外国语在上海是很通行的，最简陋的‘弄堂学校’里也列有英语的科目……他们艳羡那些‘洋行买办江白度’，以为‘江白度’的

---

① 王正海：《清华大学学生生活剪影》，《新青海》1936年第4期，第36—42页。

② 陈光沅：《交通大学上海学校学生生活》，《学生》1922年第7期，第39页。

③ 参见《国内各大学二十年度入学试题调查》，载《学生杂志》1931年第10期，第99—109页。

④ 参见《国内各大学十九年度入学试题调查》（续），《学生杂志》1931年第2期，第101—115页。

⑤ 吴晓明主编：《复旦先贤教育思想论集》，生活·读书·新知三联书店2021年版，第12页。

⑥ 转引自马勇、徐超编：《严复书信集》，福建教育出版社2022年版，第130页。

条件是能说外国语，便奉外国语为绝顶重要的科目，父诏其子，师勉其弟，‘你要用心把外国语读通才好啊，否则便不能伺候你的外国主人’。”[①] 颜惠庆回忆自己在圣约翰大学的生活时也说：当时“不少学生，学习英文，缘于曾经接受膏火津贴的鼓励。很少人，能等到读完四年的英文和数学，没有不去海关和电报局谋事的”[②]。再比如，许多传教士反对在教会大学用英语教学，他们说：“学生为了做生意而来学英语，他们一旦懂得两句英语，就离开学校而不愿等到毕业；离校后，他们就进入商界或外交界，而不是教会。”[③] 这也反证了当时不少学生学习英语的目的。

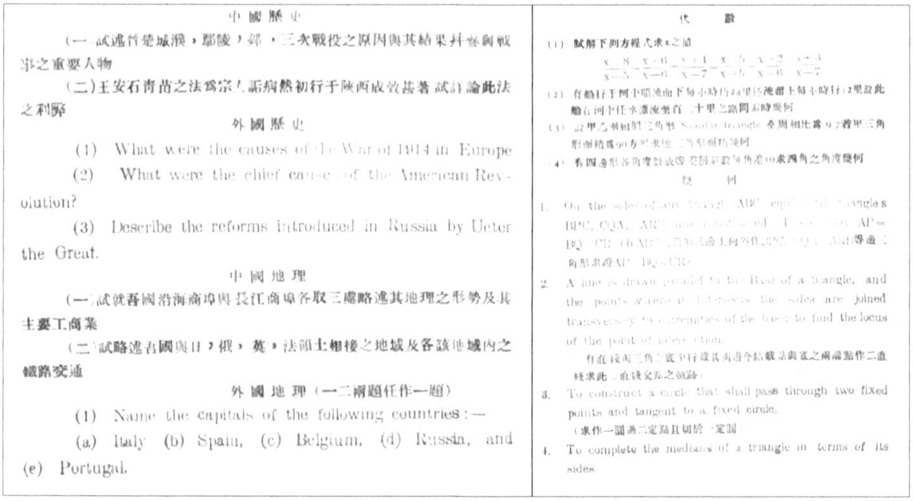
中國歷史

(一)試述晉楚城濮，鄢陵，邲，三次戰役之原因與其結果并參與戰爭之重要人物

(二)王安石青苗之法爲宋人詬病然初行于陝西成效甚著試詳論此法之利弊

外國歷史

(1) What were the causes of the War of 1914 in Europe

(2) What were the chief cause of the American Revolution?

(3) Describe the reforms introduced in Russia by Ueter the Great.

中國地理

(一)試就吾國沿海商埠與長江商埠各取三處略述其地理之形勢及其主要工商業

(二)試略述吾國與日，俄，英，法領土相接之地域及各該地域内之鐵路交通

外國地理（一二兩題任作一題）

(1) Name the capitals of the following countries :—

(a) Italy (b) Spain, (c) Belgium, (d) Russia, and (e) Portugal.

代數

(1) 試解下列方程式求x之值

(4) 有四邊形各角度數成等差級數每角差10求四角之角度幾何

幾何

2. A line is drawn parallel to the Base of a triangle, and the points where it intersects the sides are joined transversely to extremities of the base: to find the locus of the point of intersection.

3. To construct a circle that shall pass through two fixed points and tangent to a fixed circle.

(求作一圓過二定點且切於一定圓)

4. To complete the medians of a triangle in terms of its sides.

图 3-1 国立北京交通大学（图左）、国立北京工业大学（图右）入学考试题，
（资料来源：《全国专门以上学校投考指南》1925 年第 3 期）

① 叶圣陶：《叶圣陶教育文集》（2），人民教育出版社 1994 年版，第 185 页。

② 颜惠庆：《颜惠庆自传：一位民国元老的历史记忆》，吴建雍等译，商务印书馆 2003 年版，第 6 页。

③ ［美］杰西·格·卢茨：《中国教会大学史：1850—1950》，曾钜生译，浙江教育出版社 1987 年版，第 62 页。

（二）国文的地位逐步提高

英语在大学里普遍流行和使用固然有利于外语的学习和了解世界学术的前沿，但其弊病也是显而易见的。这难免会造成学生将过多的精力放在英文学习上，影响其他科目的学习，同时中国教育乃至学术界都用英语为主要语言，中国学术自身又如何能发达起来？为此，教育部在1918年就提出“教师讲授时，除外国教员及关于外国语学科外，以用本国语讲授为原则”[①]，但执行情况不容乐观。例如，较早开展高等教育中国化改革的南开大学，迟至1928年，除外语课外，南开大学文科的一切课程才皆改用国语讲授。[②]

1913年，对于当时大学普遍采用英文教材的问题，蔡元培在大东书局发表《国化教科书问题》的演讲，指出使用外国教科书有三大弊端：“（一）靡费时间与脑力。吾人之所以要阅读外籍的目的，原欲通晓其文字所代表的知识，至文字本身不过是一种工具而已。今欲具备此项工具，动辄耗费青年们五六年的光阴，最活泼时期的脑力，方得入于各识之门，其为最不经济的办法，是人人所知道的。（二）与国情不适合。教科书中应该多举实便以证学理，外国人所著所用的教科书中举出的例子，当然是多取材于其本国的（尤其是社会科学的书）。用这种书教中国学生，学习时既不免有隔膜恍惚的弊病，将来出而应世，亦不能充分应用，况彼此学制年级既属参差，教材的数量亦自不能强同。（三）足为普及教育的障碍。外国文的教科书，必须对外国文有相当准备的学生，始能了解。而这准备工具须费偌大的力气，脑力、时间、经济三者，都非寒酸子弟所易办到。结果初中毕业而能够升学

① 《咨各省省长送专门以上学校适用外国文课本及外国语讲授办法文》，《教育公报》1919年第5期，第15页。

② 参见张喆：《民国高等教育西化的困境与出路——以南开大学教育中国化改革为中心》，《扬州大学学报（高教研究版）》2023年第4期，第81页。

的学生，寥寥可数，实与吾国所最需要的普及教育以重大的打击。”[①]蔡元培提出的“国化教科书问题”引起社会的广泛关注，在这种背景下商务印书馆在王云五的积极筹划下，组织出版“大学丛书”以弥补国内大学教科书的不足，至1937年“大学丛书”已经出版300余种，其中不少是影响甚大的名家名著，如冯友兰的《中国哲学史》、胡适的《中国哲学史大纲》(上)、钱穆的《中国近三百年学术史》、萧一山的《清代通史》、陈恭禄的《中国近代史》以及王世杰、钱端升的《比较宪法》等。[②]这对于促进我国近代学科体系的确立，改变国内大学依赖外国教科书以及促进中西文化交流与繁荣发挥了积极的作用。

民国时期西学盛行，英语和英语教科书在学校中得到广泛应用，但并不代表对中学的忽视。在教会大学中，如圣约翰大学开的国学课程有纲鉴易知录、左传、公羊传、谷梁传、大学、中庸、唐诗三百首、苏诗精华、杜诗精华、古文辞类纂精华等研习课程。然而当时教会大学虽开设有国学课程，但普遍比较轻视，如1912年进入圣约翰大学的林语堂曾回忆说：“当时学习英文的热情，持久不衰，对英文之热衷，如鹅鸭之趋水，对中文之研读，竟全部停止，中国之毛笔亦竟弃而不用了，而代之以自来水笔……在圣约翰大学，学生之中文可以累年不及格而无妨害。”[③]1901年进校的顾维钧更是说，“在约翰学中文不过是流于形式，而且还不是一种很重要的形式。我记得很清楚，有些学生从预科一年级直到毕业，总共念了七年，而他们的中文知识

---

① 蔡元培：《国化教科书问题》，《申报》1931年4月27日第1版。

② 参见李金航：《中国近代大学教科书发展历程研究》，苏州大学博士学位论文，2013年，第192—198页。

③ 王坤庆、吴俊文主编：《那时那人那事·名人记忆中的大学生活》，华中师范大学出版社2009年版，第118—119页。

水平依然处于一年级水平”。[①] 直至20世纪20年代民族主义的兴起和非基督教运动，促进了教会大学的中国化的进程，各个教会大学才逐步重视国学教育和研究。即便最轻视英文的圣约翰大学也开始采用中英文并重的方针，认为国文也是学生日后从事外交、内政活动的必备条件，在教学方面严格考查成绩，对于国文学分不够、成绩不合格者一律不授予学位。针对学生国文成绩不佳的情况，学校特设补习班，每人除缴纳规定学费外，还需另交30元。[②] 20世纪20年代，圣约翰大学还曾先后延揽蒙宪承、钱基博等名家主持国文部，不断提高国文教学质量，此外，学校还曾准备聘请国学大师梁启超来校任教，但因故未能实现。

其他教学大学也逐渐重视国文教育和研究，并取得显著成就。例如，燕京大学成立哈佛燕京学社致力于中国学研究，并将经费首先用于资助中国文学、历史、语言、哲学和宗教史研究。在国学教育方面规定学生必须在要求的60个学分中选修12个学分的中国文学和4个学分的中国历史[③]，聘请顾颉刚、容庚、洪业、许地山、吴雷川、王力等学者任教，开设历史、目录学、考古学、骚赋研究、宋诗与西洋诗比较、甲骨钟鼎文等课程。求学于燕京的白寿彝、周一良、谭其骧、齐思和、翁独健、陈观胜、郑德坤、王钟翰等人日后都成为文史名家，无疑是燕京大学国学教育成就的最好说明。辅仁大学在校长陈垣的主持下，在其创办之日起就尤其重视国学教育和研究，明确提出“国文与外国文为研究一切学问必需之工具”，将“国文”规定为学校所

① 顾维钧：《顾维钧回忆录》（第一分册），中国社会科学院近代史研究所译，中华书局1983年版，第21页。

② 参见熊月之、周武主编：《圣约翰大学史》，上海人民出版社2007年版，第247页。

③ 参见陶飞亚、吴梓明：《基督教大学与国学研究》，福建教育出版社1998年版，第123页。

有文理科各专业一年级学生共同的必修课[①]，并聘请张星烺、沈兼士、余嘉锡等名家来校任教，使辅仁大学的国学教育和研究取得令人瞩目的成果。此外，像金陵大学、齐鲁大学、华西协和大学、岭南大学、福建协和大学、华中大学等学校都设立有专门的国学研究机构，曾任金陵大学校长的福开森于1928年在金陵大学演讲时告诫学生“不要重蹈过去重英语而轻视国文的覆辙，要以英文水准高而国文水平低为耻”[②]，强调国文教育与国学研究。

在当时国学不被重视和西学的冲击下，国内不少公、私立大学虽然都设置国文课程，但不被重视。如1913年进入清华的潘光旦曾说，当时教英文的老师“他们对于祖国的历史文化，几千年来丰富多彩的积蓄，一般很少理解，乃至瞧不大起。对汉文的修养一般也是单薄得可怜，个别的根本不会写汉字，有的写来别字连篇……在历史课上，教师所讲的和教本或讲义上所引的根本没有差别，只是把文言文翻成白话……在对待中国固有文化的态度上，老师们成了失败主义者，而学生们则成为取消主义者”[③]。不啻清华如此，全国各地的学校大多如此。“即使政府设立的，也改变了过去的组织，废除经书的传授，转而重视科学和数学，并特别重视英语课程的设置。一般人都喜欢学习英语，认为只要懂得英语，就可以就职于第一流的石油公司或英美烟草公司，再则可以用庚子赔款设置的奖学金，赴美国留学。因此，乡村里喜欢读书的青少年们，犹如在帝制时代他们的祖辈梦想通过科举当上官吏一

---

① 参见孙邦华：《试论北京辅仁大学的国学教育》，《北京社会科学》2005年第4期，第74页。

② 陶飞亚、吴梓明：《基督教大学与国学研究》，福建教育出版社1998年版，第189—223页。

③ 潘乃穆、潘乃和编：《潘光旦文集》（第10卷），北京大学出版社2000年版，第570—574页。

样，如今他们梦想的是去美国留学。”①

当然，当时也有些学校例外。北京大学作为老牌文科大学，对国学研究和教育的重视自不待言，特别是自蔡元培出任校长进行改革，引进西方学术研究方法和理念后，很快将北京大学打造为国学研究的中心。复旦公学也重视国文，曾在校章中规定发现学生有唾弃国学者，虽录取亦随时摒弃，学生每月应交国文作文一两篇。②南洋公学在国文教育方面尤为突出。南洋公学作为工科院校，在教学方面西化程度较高，但曾为前清翰林，以研习宋明理学中的《易经》闻名的校长唐文治非常注重国学，他指出“自西学东渐，恂愁之士，颖异标新，以为从事科学我国文字即可置无足轻重之数。用是数十年来各处学校国文一科，大都摭拾陈腐，日就肤浅。苟长此因循，我国固有之国粹将荡焉无存，再历十余年，将求一能文者而不可得”③。因此，他主掌校务期间在学校开设国文课，并组织国文大会，给定题目让全校学生进行作文比赛，优秀作文还会被编辑成册印发，以为激励。当时考试内容多为宋明理学等方面的内容，这从结集出版的文集中可以看得出来，如有《原孝》《原俭》《大学戒自欺、孟子痛自暴自弃说》《仁者爱人、有礼者敬人说》《读卫风凯风篇》《程伊川先生称横渠以礼教学者，最善使学者先有所据守论》《王猛之经国、苻坚之管仲也论》《鱼相忘于江湖、人相忘于道术说》《王衍自为司徒，置二弟于藩镇，以为三窟论》等。凌鸿勋对南洋公学国文教育印象颇深：“唐监督是一位经学大师，所以学校中对国文也特别注重，除了

---

① ［日］平冢益德：《近代中国教育文化史》，林松庆译，载朱有瓛主编：《中国近代学制史料》（第四辑），华东师范大学出版社 1993 年版，第 179 页。

② 李秉谦编著：《一百年的人文背影·中国私立大学史鉴》（第 1 卷），陕西师范大学出版社 2016 年版，第 242 页。

③ 唐文治：《论国文之重要》，载《交通大学校史资料选编》（第 1 卷），西安交通大学出版社 1986 年版，第 162—163 页。

普通国文功课之外，唐监督也常在星期日自己讲一堂国文课，同学可以自由听讲，他老人家还自己编了一部高等国文讲义给我们阅读，又注重读书的方法，使我们得了不少的启示。那时校中每年还有一次国文大会，是全校国文的会考，但同学可自由参加，而不是勉强的。考试成绩最好的由唐监督奖以金牌，次的奖以银牌或其他书籍奖品等。国文大会总是在孔子诞辰的前10日左右举行，孔诞日放榜，所有奖品就在祭孔礼仪完成后由唐监督一一分发。成绩好的文章更印出给同学示范，这很有使同学对中文加以用功的作用。现在一般社会谈起交通大学老一辈的学生国文总公认是较好的，自然是那时打下的基础。”①

国内公、私立大学普遍重视国学研究和教育还是要到20世纪二三十年代的国学教育运动以后。当时不少人对传统国学在社会以及大、中、小学地位的失落深表忧虑，认为中国长此以往不仅亡国，还会忘记文化，使国家陷入万劫不复的境地，因此大力提倡国学教育和研究，在社会上兴起国学教育的热潮。自北京大学设立研究所后，清华大学设立国学研究院，厦门大学、大夏大学、中国大学、北平女子大学等均设立国学系，大力提倡国学研究。对于当时大学在国学教育和研究方面的转变，清华大学某学生致其同学的一封书信或可揭示一二，其在信中说：“你说：‘清华是有名的轻视国文的学校’，我现在给你三个史实，你就知道是否轻视了：（一）现在的章程，我们国文是二年级必需的，这科的目标要达：（1）能欣赏本国名家高深优美之文学；（2）能了解国学源流及其研究之门径；（3）能增进阅读古书之能力。（二）清华今年设一个国学研究院，有好几位国学大师在里面指导。（三）图书馆内古色古香的书有五六万本之多；这是固然，国学同国文是二事，但轻

① 上海交通大学校史编纂委员会编：《百年交大故事撷英》，上海交通大学出版社2021年版，第25页。

视国文的绝不会重视国学吧。”①

朱元懋对自己20世纪30年代大学生活的回忆，也反映出当时国文教育得到普及和重视。“大概这是一个普遍的现象，在现在中国大学校里的学生，尤其是读社会科学的同学们，都有‘重中恶西’的观念。这大概有几层原因：第一是外国文根基浅薄；第二是趋易避难的心理作用；第三是西文书籍的难得。最初是因为厌恶西书做参考，以后外国文日渐荒疏，连外国文教本也不看，甚而至于叫头痛，因此要求教员编讲义，有了一部讲义的教授，便可教书终身，同学得了这部解义，也便如获法宝，用之一切考试而均通……为要迎头赶上西洋文化，我很希望大学校的同学多看西书。同时也不必偏狭只认得西洋书好。要一方面读西书，一方面也深切地研究中书，抛弃了‘重中恶西’或是‘重西恶中’的两种偏狭观念，才可以建设起中国的新兴文化。”② 其实经过西潮半个多世纪的洗礼，此时的“中学”和“西学”早已不是晚清时期的“中”“西”之别了，即便当时大力主张研究国学的“国粹学派”，其所用的研究方法和理念都是西方的，其主要组成人员都是留学生。因此，这里的“重中恶西”，主要是指重视中文，轻视西文。姑且不论这种现象的好坏，但从侧面也反映出国文的普及。

二、形式多样的教学方式

教师和学生共同构成课堂主体，教师的教和学生的学共同组成教学活动，两者相互依存，相互影响。教师和学生是课堂中的双主体，探讨学生的课堂学习生活，势必绕不开教师教的状态。不同的个性和学习经历也会形成

---

① 郑一：《书信中清华生活的一斑》，《清华月刊》1927年第11期，第578页。

② 朱元懋：《我在大学生活的回溯》，《读书顾问》1935年第4期，第337—338页。

教师差异化的教学方式，进而影响教学效果。中国传统的教学方法主要是讲授法，“先生只管教，学生只管受教”。然而随着课程改革和西方教育思想的传播，改变了这种单一的教学方式，从强调“讲”转变到注重以学生为中心，强调教师与学生之间的交流与对话，使课堂呈现生机勃勃的状态。当时的教学方式主要有传统的讲授法、生动演绎法以及自主学习法等方式。

第一，传统的讲授法。虽然随着西方教育观念的传播，新的教学方式传入中国，但传统的讲授法在大学课堂仍得到普遍应用。然而这种传统的教学方式要想产生良好的效果需要老师具备良好的口才、精心的准备，如教师只是照本宣科就难以得到学生的喜爱。曾有一位笔名为民的作者这样写冷教授上课的情形：“到了上课的时候，他并不滔滔地讲述，只是把他编的讲义说个大概而已，虽然如此，可是他的学生都学得很好，对于教授称赞不绝，大概总是教授懂得教授法吧。”① 从同学们的反映看，冷教授上课的情况尚差强人意。有些教师则是纯粹地照本宣科，教学效果极差，如据杨向奎记述，清史研究大家孟森上课不喜欢高谈阔论，完全照本宣科，“在课堂授课读讲义，以致课时未满，学生已散去，先生不以忤，异日仍如是”②。张中行对此则有更生动的回忆：“有讲义，学生人手一册。上课钟响后，他走上讲台，手里拿着一本讲义，拇指插在讲义中间。从不向讲台下看，应该从哪里念起，是早已准备好，有拇指作记号的，于是翻开就照本慢读。我曾检验过，耳听目视，果然一字不差。”③

---

① 民：《一个大学里的冷教授》，《人人周报》1936 年第 2 期，第 13—14 页。转引自李艳莉：《崇高与平凡——民国时期大学教师日常生活研究（1912—1937）》，华中师范大学博士学位论文，2015 年，第 78 页。

② 杨向奎等：《百年学案》（上），辽宁人民出版社 2003 年版，第 50 页。

③ 陈平原、夏晓虹编：《北大旧事》，生活·读书·新知三联书店 1998 年版，第 435 页。

传统讲授法虽然存在师生之间互动交流少，教学过程容易枯燥、呆板的弊病，但也并非一无是处，如吴景超回忆其在清华的学习生活时说："有好些课程是不用课本的，教员自己预储好教材，到上课的时候讲演，学生要时刻注意把他讲的记下来，因为将来提问是问教员所讲演的，考试也是考教员所讲演的，这种筑记的练习于清华学生极有补益，因为有了预备，到美国进大学听讲的时候作起笔记来，不至于发生困难。清华学生在教室里受的是这种训练，所以学生的功课，普遍不差，很少有荒芜的人。"① 同济大学的教师也喜欢采用演讲式教学："教授法采自德国式，没有固定的教科书，老师一跑上讲台，口若悬河，滔滔不绝，讲得满头大汗；学生方面呢，则低着头拼命笔记，整个教室内充满了瑟瑟之音。要否看些参考书，随你的便，中外各书，书店里皆替你预备着，要是国内没有，也可向德国或日本邮购。穷小子，买不起书，不打紧，可以看笔记，再则可奔向图书馆里去。"② 就教师的角度而言，有些教师十分擅长演讲，如鲁迅上课内容充实、语言幽默，极富吸引力，有时能连续讲两小时而不使人烦闷，刘依任回忆鲁迅在西北大学讲学的情景时说："鲁迅先生的讲演，真如他写的文章一样，理论形象化，绝不抽象笼统，举出代表作品，找出恰当例证，具体发挥，没有废话，使听者不厌，并感着确有独到之处。"③

第二，生动演绎法。即教师通过各种教辅工具或手段生动形象地展示教学内容，使学生能够直观地感受讲授的知识和内容。钱三强回忆清华大学吴有训和萨本栋上课情形时说，两位先生"口齿清楚，不照本宣读，手上有时

① 吴景超：《清华学校学生生活》，《学生》1922 年第 7 期，第 32 页。

② 王黎：《同济大学学生生活》，《青年月刊》1937 年第 6 期，第 28 页。

③ 单演义：《关于鲁迅的〈中国小说的历史的变迁〉》，载单演义编《鲁迅在西安》，陕西人民出版社 1981 年版，第 38 页。

仅带一两张纸页。每次讲课，都事先预备好做表演的仪器，边讲边表演，使初学者有感性知识。同时对于基本概念，不止一次地重复讲解，使初学者逐渐加深对基本概念的理解；还经常在第二堂课开始时，又重点重复上堂课讲过的概念。这样，有些较难懂的概念，就一点点熟悉了，记得比较牢靠、清晰”①。两位老师通过实验仪器演示、基本概念讲授，提高了课堂的吸引力，也使学生将学科基本概念深刻地印在脑中。唐圭璋回忆选修吴梅教授开设的词选、曲学通论等课程时说：“吴师不仅精通词曲理论，而且擅长箫笛。授课时，携长笛一支，边讲边唱，潇洒飘逸，课堂学习氛围浓厚，学生情绪高涨，无不为之倾倒。”②吴梅这种生动活泼的教学方式极大地提高了课堂的吸引力，也使学生能够真切地感受到词曲的魅力。

有些老师为了使学科基本知识生动形象、易于接受，则直接将课堂搬到校外。例如，林徽因在东北大学教授建筑学时，为了让学生切实感受古建筑的美学建构，经常会亲自带领学生参观沈阳故宫和八旗亭等地方，然后深入浅出地进行讲解，“从大政殿到八旗亭的建筑看，它不仅布局合理，壮观和谐，而且也反映了清初共治国政的联合政体，它是中国宫廷建筑史上独具特色的一大创造”③。这种对中国古代建筑的直观感受使抽象的建筑美学视觉化，学生更容易接受和理解，因此林徽因的课也大受同学们欢迎。雷洁琼在燕京大学社会系任教时，让学生到农村、育婴堂、贫民窟、施粥场实地参观调研，让学生亲眼观察基层社会景象，使同学们大受震撼，“通过调查、访问、参观，同学们都受到了很深刻的教育。雷洁琼在课堂上，再以这些活生

---

① 钱三强：《钱三强文选》，浙江科学技术出版社1994年版，第290页。

② 中央大学南京校友会、中央大学校友文选编纂委员会编：《南雍骊珠：中央大学名师传略》，南京大学出版社2010年版，第39页。

③ 林杉：《一代才女林徽因》，作家出版社2005年版，第116页。

生的社会现象，引导同学们进一步印证社会学理论，启发大家加强社会责任感，更深入地去思考解困济贫、除弊治国的方案”[1]。这种贴近现实的教学方法，使学生真正理解了社会学的意义之所在，也使学生的学习兴趣和积极性更加浓厚。

第三，自主学习法。即老师制订或学生自行选择某项重要问题，学生自己努力研究，或参考图书，或实验研究，或调查统计，将其结果作为报告或论文。古语云“授人以鱼，不如授人以渔”，通过培养学生的自主学习能力可以激发学生的学习兴趣，培养其发现问题、解决问题的能力，正如论语所云“不愤不启，不悱不发”。例如，燕京大学，“教授们上课多是探取演讲式的，好些既没有课本，也不发给讲义。学生上课完全要靠着自己笔记，把教授的讲演笔记记下来，算是已有了门径，然后就根据这个轮廓，自己去参考和研究”[2]。清华大学也非常注重学生的自主学习，“清华的教授法，可以说是注重学生的自习。一般的教员只是告诉学生怎样地去自习，上课的时候他就来查考学生自习的成绩。教习总不肯作灌注的功夫的，所以在课堂中普通的情形只是挑问。然而挑问并不是唯一的办法，在课堂里我们还可以看到许多别的情形。现在择要地说几件：第一就是报告。我们念社会学，譬如念到遗传律，书中说得不很详细，而我们却愿意得到一些有系统详密的智识。这时教员就要派一个学生，请他作篇遗传律的论文了。教员自然告诉你去看几本什么书……所以做论文的人一有闲暇，就到图书馆里去看这些书，把所有的材料采择出来，排列起来，编辑一下，就成为一篇论文。这篇论文就可在课室内宣读，读论文的人要负责解答与那篇论文有关的问题。第二就是讨论。

---

① 苏平：《雷洁琼》，辽宁人民出版社 1995 年版，第 28 页。

② 濠人：《“世外桃源”的学生生活的片段》（续），《十日谈》1934 年第 31 期，第 271 页。

譬如我们念政治学，念到一院制和两院制。这时学生心中很容易发一问题，就是中国采一院制好，还是采两院制好。教员遇到这类问题总是不回答的，他却请全班的人发表各人的意见，教员这时是主席兼书记了，他指定谁在谁之前发言，谁发言之后，该派谁发。学生赞成或反对的理由，他用粉笔择要写在黑板上，每每在讨论之后，我们比较两方面的理由，就能判断哪方理由充足，哪方理由欠缺，这实在是一个‘共学’的好方法。”①

从学生感受来讲，这种注重个人自主学习能力培养的方式，任务重、要求高，但也收效良好。例如，郑鹤声回忆任教于南京高等师范学校的柳诒徵的教学方法时说：“他讲中国史的时候。并不编辑课文，或某种纲要，仅就一朝大事，加以剖析，而指定若干参考书籍，要我们自动地去阅读。例如讲到两汉的历史，他就指定《史记》《汉书》等为参考书，以此类推。读了以后，要把心得记在笔记本上。由他详细批阅。这种笔记，少则一本，多则数本；由他老人家逐字逐句地阅看，并加眉批。他老人家的精神很好。态度很认真，虽一字之误，亦必勾出。所以我们不敢马虎。他要学生平时以阅读正史（二十四史）为主，并经常从正史中出许多研究题目，要我们搜集材料，练习撰作能力，由他评定甲乙，当为作业成绩，并择优选出在《史地学报》或《学衡》上发表。这种治学的方式的确是很基本、很切实的，促使我们养成一种严谨笃实的学风，使我们一生受用不尽。”②

---

① 吴景超：《清华学校学生生活》，《学生》1922 年第 7 期，第 32 页。

② 中国人民政治协商会议镇江市委员会文史资料研究委员会：《镇江文史资料第 11 辑　柳翼谋先生纪念文集》，政协镇江市委员会文史资料研究委员会，1986 年，第 241 页。

三、形态各异的课堂状态

课堂作为学生学习的主要场所，因学校风格的不同，教师授课时成效的好坏，呈现的状态也不一样。这涉及学校的课堂管理、教师的上课状态以及学生的学习状态等方面，不同的课堂形态也体现出不同学校和教师的教学和管理风格。

在课堂管理方面，当时有的学校管理比较严格，如燕京大学上课是要点名的，缺课过了规定的上限时间就不允许参加学习考试，因此不能随便缺课。[①] 朝阳大学同样注重学生的出勤考核，一般由教务处负责派人到教室突击检查学生的出勤情况，对缺勤严重的学生轻则处以警告，重则取消该科学分，“与此相配合地，还有一种不点名的点名方法，即每天上课前在教务处窗口发当天上课的活页讲义，不许代领。缺领了多少次讲义，也就是缺了多少次课”[②]。当然，也有些学校课堂管理比较松散，如同济大学，“平时的管理，颇为松散，非常放任，一切听学生自便，上课既不点名，夜里也不查寝室，可是胡闹的同学却始终没有”[③]。清华大学则除少数教授点名外，多数不点名，也有的用助教照空位记名，并没有专设查堂的人员。[④]

北京大学在自由主义空气下，在课堂管理方面则有自己独特的风格。在蒋梦麟任校长以前，“同学上课是很随意的，喜欢的功课没问题，到时准到；

① 参见濠人：《“世外桃源”的学生生活的片段》（续），《十日谈》1934 年第 31 期，第 271 页。

② 《教育部视察朝阳大学报告》，《教育公报》1917 年第 4 期，第 50 页。

③ 王黎：《同济大学学生生活》，《青年月刊》1937 年第 6 期，第 28 页。

④ 王黎、王正海：《清华大学学生生活剪影》，《新青海》1936 年第 4 期，第 36—42 页。

不喜欢的功课就可以不去，也没有人过问”[①]。冯友兰曾回忆说：“北大当时的学生，在学习上是自由极了。本系功课表上的课，学生不爱上就不上；别系的课，爱上就去上。教师那里没有点名册，从来不点名。学生要上哪一课，只需在上课时到课堂上坐下就行了。就是与北大毫无关系的人，也可以进去听讲。在上课之前，有一个人站在课堂门口，手里拿一堆油印的讲稿，当时称为讲义，进来一个人，就发给他一份，从来不问他是谁。往往有不应该上这个课的人先到，把讲义都拿完了；应该上这个课的人来了倒得不到讲义。可是从来也没有因此发生争执，后来的人只怨自家来得太晚。”[②]

不仅如此，北京大学作为中国顶尖的大学，各科的教授多是国内知名学者，因此前来旁听的学生比较多，学校对此也持开放态度，允许其他学生自由前去听课，因此其课堂素以“来者不拒，去者不追”著称。谢挚生回忆说：“你看各个教室中都是座无虚席，有时还三个人同坐一个长桌，这就可以证明了。这些人里不少别的学校的同学，他们也是按时准到的，这是北大的特例。上课时外面的人，可以随便听讲，甚至有时旁听人把正式生的座位都给占了。”[③] 因为不少学生是慕名前来听课，同学们上课听讲也比较认真，“即使在讲堂上连桌并坐的人，也很少彼此交谈，甚至同一宿舍同一房间住的人，终年少有往来，且相遇时亦少彼此招呼”。[④] 可见当时不同学校对学生的课堂管理是不一样的，尤其像北京大学这样开放、自由的大学，课堂管理很松散，体现了学校自身独特的校园文化。

虽然当时不同学校对学生上课的管理情况不一，但当时旷课却是普遍存

① 谢挚生：《北大学生生活》，《现代青年》1936 年第 1 期，第 30 页。

② 冯友兰：《三松堂自序》，江苏文艺出版社 2011 年版，第 36—37 页。

③ 谢挚生：《北大学生生活》，《现代青年》1936 年第 1 期，第 30 页。

④ 田炯锦：《北大六年琐忆》，《传记文学》1973 年第 1 期，第 1 页。

在的现象。“无论是老牌的北京大学，清华大学，国立的中央大学，私立的厦门大学，教会大学燕京大学、金陵女子学院，省立大学山西大学、安徽大学、广西大学等”都难以避免。[①]例如，1920年北京大学发布的布告称：“查本学期各班学生多有无故旷课者，致教员到校，以学生缺席者过多不能上堂授课，徒劳往返，似此情形，既属违犯校章，复有妨同学求学之初志，对于旷课情形不得不谋整顿。”[②]可见，当时旷课学生过多以致影响教师正常上课。即便以学风优良著称的清华也不例外，如其1924年公布的学生缺课数据显示，在校学生389人，在最近十个星期内平均每星期请假人数为135.4人，可见缺课人数之多。[③]当然，也有个别学校是例外，如黄日全回忆北平师范大学的学生生活时说，学生学习十分刻苦认真，“所以教育部三令五申，限制学生旷课，可是我的学校同学，不须限制，也自动地勤学，甚至有许多同学一学年或一学期不旷课的”[④]。

当时学生大量旷课主要是因为在新文化运动的影响下，在个性解放、崇尚自主学习的观念下，自由主义泛滥、纪律意识淡薄，对教师讲课稍有不满即离席。因此，自20世纪20年代以来不少学校采取制订严格的请假制度、将缺课与学业考核以及警告、开除等纪律处罚相挂钩以及定期公布缺课人员名单等方式，加强对学生的课堂管理。然而即便如此，有些学校依然课堂秩序较差，如中国学院不仅学生缺席，即便教师也未能按时上课，“教授们上课迟到早退，已成惯例。好在有很多同学来上课，主要目的是领讲义和点

① 参见魏珂：《归属与自主：近代大学生教育身体史研究（1895—1937）》，华中师范大学博士学位论文，2017年，第102页。

② 《本校布告：教务长布告》，《北京大学日刊》1920年第554期，第1—2页。

③ 参见《新闻：学生缺课新章草案》，《清华周刊》1924年第309期，第14—16页。

④ 黄日全：《北平师大的学校生活》，《学校生活》1936年第132/133期合刊。

到，上课下课与他无大关系。学校和同学都是只讲面子，不求实际，真是不谋而合”[①]。其实当时学生旷课的重要原因是在反对权威、追崇自由的时代浪潮下，课堂也成为学生践行其理念的重要场所，旷课成为其表达反抗权威、追求自由理念的一种形式，从这里也可以看出当时社会整体文化氛围对学生学习生活的影响。从不同学校对课堂管理方面的要求及师生表现，透视出不同学校的校风和学风。

在上课的课堂礼仪方面，不少学校也做了规定，以维护师道尊严。例如，清华学堂的学生们进教室后安静地等候教师上课，“先生一进门来，学生肃立致敬，然后就座……到了下堂的时候，学生仍然起立致敬、鱼贯而出，一种尊敬师长的风气，笼罩着全部的清华”[②]。1920 年，复旦大学在制订的章程中规定：上课下课以鸣钟为号，学生先教员入，后教员出，须有秩序。教员起座离座，学生均起立表敬意。[③] 中国大学在讲课规则中要求，“下课钟已鸣，如教员尚未讲完，及虽已讲完，教员尚未下讲坛时，学生不得争先起出；学生出入讲堂时，应循序出入，不得有争先拥挤，及其他骚扰情事”[④]。以笔者有限的工作经历来看，当今各高校制订的关于学生管理工作规定的《学生手册》似乎并无专章介绍“课堂礼仪”，上课起立向老师问好的礼仪似乎仅存在于中小学，这一方面显示出当时大学对学生礼仪培养的重视，另一方面因为当时在自由主义风气下教师因讲课不好被学生赶下台的事情屡有发生，因此有必要强调课堂规则和礼仪以维护课堂秩序。因此，教师

---

① 里飙：《中国学院学生生活》，《现代青年》1936 年第 4 期，第 26 页。

② 王正海：《清华大学学生生活剪影》，《新青海》1936 年第 4 期，第 36—42 页。

③ 参见王杰、祝士明：《学府典章：中国近代高等教育初创之研究》，天津大学出版社 2010 年版，第 335 页。

④ 《北京中国大学概览》1922 年，《校规 · 讲堂规则》，参见李森主编《民国时期高等教育史料汇编》（第 5 册），国家图书馆出版社 2014 年版，第 358 页。

能否得到真正的尊重，在课堂上是否受欢迎以及学生在课堂上的表现，最终还是与教师在课堂上的教学效果息息相关。

有些教师学术修养深厚、上课认真负责、善于灵活运用教学方法，学生们学习兴趣浓厚，上课积极性也高，这也给他们留下了美好的上学回忆。例如，一位笔名为凤子的青年回忆大夏大学的学习生活时说："这个学校里的教授，在量的方面是相当得多，其中最被同学信仰和崇敬的是鲁继曾、吴泽霖、孙浩恒和章慜全、增暇、梁园东、张耀翔、杨卫玉……诸先生。前面的三位先生是以严格著称的，但他们并不像少数不学无术，仅仅板起凶恶的脸孔蛮干的，主要的还是他们在学术上的素养和人格的崇高都能够使学生心悦诚服的。虽然有时不免触犯了学生的感情被学生怨咒，但他们是永远不会被学生忘记的，在事后他们还是会想起这几个教授的，因为他们的确是有许多的地方能够做青年人的模范。至于后面的几位先生，学术的修养都是很深湛的，同时教学得法，有许多新的材料，也很能够启发学生的思想与兴趣，所以他们在一般的学生中是占着重要的位置的。"① 可见当时对学生认真负责、学养深厚的教师给学生留下了深刻的印象。

鲁迅当时作为著名学者和教师，上课认真负责，深受学生喜爱，这方面的史料有很多。如常惠在回忆鲁迅任职北京大学讲课时的情景时说："鲁迅先生讲课，是先把讲义念一遍，如有错字告诉学生改正，然后再逐段讲解。先生讲课详细认真，讲义字句不多，先生讲起来援引其他书中有关故事，比喻解释，要让学生对讲的课了解明白。学生问到讲义中的字句情节，先生一定多方讲解，直到学生明白了先生才满意。先生的比喻，不只用书中字句，有时还在黑板上画画，不够的地方，还要用姿势表示。"又如，在讲授《中

① 凤子：《丽娃栗妲河畔的学宫——大夏学生生活素描》，《读书青年》1936年第6期，第51—52页。

国小说史略》有同学对“弓弯”之舞不明白时，“于是仰面，弓腰，身子向后仰，身子一弯曲，就晃起来，脚也站立不稳了，这时先生自语：首髻及地，吾不能也。同学们见他这样负责讲解，都为之感动。课堂上师生之间情感接近，课文内容也有情趣。对先生的讲课认真精神和有风趣的言谈，同学们都喜爱和尊敬”①。这些认真负责、教学效果良好的老师，不仅让学生学到知识，甚至对他们今后的人生道路也产生影响。

有些教师上课时或因不负责任，或因不擅长教学，则上课效果较差，学生上课时如坐针毡，甚至出现旷课、逃课，乃至要求更换教师等现象，展现出当时大学课堂学习生活的多元样态。在圣约翰大学的颜敦建曾这样描述课堂生活：“课室生活，最是令人‘望而生畏’的，要遇着位有真才学的教员，那一点钟还容易过，并可以得一点钟实益。不幸遇着位‘草包式’的先生，那就要‘度时如年’。因为这类先生，非但不能在课外发挥和引证，使学生明了，就是对于课文，他自己也有点模糊。要有一两个‘不耻下问’的学生，偶然提出些疑问，更要弄得手慌脚乱，答不出还要讲：‘Anyhow, I know more than your students.’幸而这种教员不多，否则课室将变为地狱了！”② 从这里可以看出，即便在圣约翰大学这样素以教学质量优良著称的著名大学也会出现“草包”先生，上面这些生动的记述也反映出当时学生对教学水平较差的教师的反感以及上课时的难熬。

在武汉大学，“有些同学，或者对于某种功课无大兴趣，或因不能听懂教授的讲解，在课堂上很觉得无聊，往往阅读旁的书籍杂志，或者在座位上

---

① 常惠：《回忆鲁迅先生》，载鲁迅博物馆鲁迅研究室编《鲁迅诞辰百年纪念集》，湖南人民出版社 1981 年版，第 516 页。

② 颜敦建：《圣约翰学生生活的面面观》，《约翰年刊》中文部分，1925 年，第 18—21 页。

写些‘某某女士堪称本校皇后’之类的标语，向下再据此座的同学宣传。如果这位教授来的温和（也许是不得已的忍耐），他们还要擦擦脚，咳几声，表示十二分的不耐。假若上课不点名的话，他们一定不愿在那儿受拘束。同学们倘对某教授不满，则很和平地向学校交涉，纵不愿采取非常手段、不礼貌的举动。如果学校方面有所疑难，同学也能谅解，并不坚持，因为学校当局绝不会故意聘请令学生不满意的教授，使同学受委屈的”①。通过这些描述，当时学生们在课堂搞小动作以及教师的反应的画面跃然于纸上。

然而，有些教师课堂教学效果不佳，但却仍有不少人为获得学分而选课。任继愈就曾这样回忆北京大学毛子水的课堂，“毛子水讲课时，引用数学公式太多，加上口才不佳，选课者寥寥数人，因为他为人厚道，判分比较宽松，各系的高年级同学临毕业时，有人为了凑足 132 个学分（文科毕业生的最低学分限度是 132 个学分），选修这门课的每年也能维持三五个人”②。除此以外，有些学校还因为自身的文化背景形成不一样的课堂状态，如中国学院作为中国国民党创办的私立大学，遗传了国民党热衷革命和活动的基因，学生“大多富有活动精神，对时事特别注意，觉得中国目前已临存亡最后难关，每逢上课都觉得是‘最后一课’，不能安心。讲得好一点的教授，还可听着，否则就‘各自为政’，手里拿着杂志或喜好的书读着，至于教授讲的是什么，谁去管他”③。

在当时比较自由的空气下，不少大学教师有比较强烈的个人风格，因此，当时的课堂呈现千姿百态的教学样态。当然，这种教学风格的形成与当时教师的教育思想、个性特征密切相关。例如，北京大学的林损“人有些才

---

① 陈棣华：《武汉大学学生生活速写》，《青年月刊》1936 年第 3 期，第 60 页。

② 任继愈：《天人之际》，上海文艺出版社 1998 年版，第 397—398 页。

③ 里飙：《中国学院学生生活》，《现代青年》1936 年第 4 期，第 26 页。

气，读书不少，长于记诵，二十几岁就到北京大学国文系任教授。一个熟于子曰诗云而不识 a、b、c、d 的人，不赞成白话是可以理解的。一次，忘记是讲什么课了，他照例是喝完半瓶葡萄酒，红着面孔走上讲台，张口第一句就责骂胡适怎样不通，因为读不懂古文，所以主张用新式标点”[①]。可见，林损授课不入正题而以骂人著称。据张中行回忆，钱玄同在北京大学讲授音韵学讲到广东音韵时，有位广东籍的学生李锡予对其所讲内容提出异议，钱玄同上课时面带笑容地对他说：“我见到你的信了。你对广东音韵的解释是正确的。我不是广东人，对广东音韵是一知半解。很感谢你纠正了我的纰漏。”接着，钱先生在课堂读了李锡予的信，还希望其他学生对讲课中纰漏之处提出意见。[②] 从这件小事，可见钱先生虚怀若谷的治学态度。罗家伦回忆辜鸿铭上课情景时说，“三年之间，我们课堂里有趣的故事多极了……辜先生对我们讲英国诗的时候，有时候对我们说：‘我今天教你们外国大雅。’有时候说：‘我今天教你们外国小雅。’有时候说：‘我今天教你们外国国风。’有一天，他异想天开地说：‘我今天教你们洋离骚。’这‘洋离骚’是什么呢？原来是米尔顿（JohnMilton）的一首长诗‘Lycidas’，为什么‘Lycidas’会变成‘洋离骚’呢？这大概因为此诗是米尔顿吊唁他一位在爱尔兰附近淹死的亡友而写成的”[③]。民国时期不同风格的教授在课堂上大放异彩，这与当时独立自由的学术风气是分不开的。

---

① 陈平原、夏晓虹编：《北大旧事》，生活·读书·新知三联书店 1998 年版，第 432 页。

② 参见陈平原、夏晓虹编：《北大旧事》，生活·读书·新知三联书店 1998 年版，第 491 页。

③ 罗家伦：《逝者如斯集》，商务印书馆 2015 年版，第 94 页。

四、忙碌有趣的实践学习

当时大学主要有文、理、法、工、医、商、农、教育等学科，其中不少学科具有鲜明的实践性特征，不仅要学习书本上的理论知识，还要到实验室做实验，到社会上去实习，因此大学的“课堂”是广义的，不仅局限于教室，实验室、实习和学习实践场所都是学生学习的课堂。

就实验室生活而言，大学里的农、工、生、化等学科要通过仪器观测、铸造器具等实验探究事物的规律，锻炼动手能力。当时不少大学都将实验课作为部分专业的必修课，这在工科学校和受西式教育影响较深的学校表现得尤为突出。例如，郭秉文从美国哥伦比亚大学留学回来出任南京高等师范学校校长后，学校“有一种精神就是处处趋重实验”①，“各部各科，除学理外，兼重实验。理化部有普通物理实验及高等物理实验、无机化学实验、有机化学实验、分析化学实验，每周实验时间均有四小时……体育专修科授解剖学，有解剖实验，农科有土壤实验、植物实验、作物实验，每周六小时”②，“须实验之学程，每次必须将实验之结果报告，或作为文字，或制为图表，或作成统计。如农科、工科则画图设计多；理科则用文字报告多；教育科则用文字和造成统计多”③。同济大学作为有德国背景的学校，在新建工科新校舍时按照主要出资人贝子溥伦的计划，首先修建的是包括实习工厂和

---

① 曹刍：《东南大学南京高师学生生活》，《学生》1922 年第 7 期，第 7 页。

② 璩鑫圭、童富勇、张守智编：《中国近代教育史资料汇编·实业教育·师范教育》，上海教育出版社 1994 年版，第 1006 页。

③ 曹刍：《东南大学与南京高师学生生活》，《学生》1922 年第 7 期，第 7 页。

实验室的机械馆，而不是教学楼和宿舍楼[①]，可见其对实验课程的重视。交通大学作为著名的工科院校，实验课程在学生课程中也占有很高的比例。据交通大学校友回忆称，“在我们大学读四年书，本一、本二有化学、物理、测量各种实习，木工、金工、翻砂各种工作。本三、本四有机械厂、电机厂、无线电台各种实习。平均每期每周上课30小时，实习、工厂要占全数22.34%”[②]。

下面可以通过校友的回忆，窥探当时学生实验生活的具体情况。“在同济，不能抱住书本，一辈子读‘死书’，‘实验’尤为注重。工学院一年级大部分的时间，化（花）在实习工厂里，打铁、削钢、磨石，完全像一位小工，不等到一声悠长的汽笛鸣叫，休想出去。医学院更不用说，每当下午军号响过第五次，同学就得穿上一件白色的手术衣，像理发匠，又像大菜师傅，扶着书本，拿着解剖用具，踏近灰白色的建筑里。‘福尔马林’的气味，早已习惯，吓人的死尸，也仿佛是友好的，一刀一刀，割肌肉，找神经，寻血管，看内脏，就这样，五六个同学一组，每天工作着，直到挂钟的时针正指在Ⅵ字处，方伸个懒腰，嘘口气，拖着疲惫的身子出来。”[③]

在浙江大学，“浙大学生下午差不多全是实验课程。不到一点钟，你就可以看到穿白衣服的理学院学生，穿蓝布工衣的工学院学生，争先恐后地走向实验室和工场去，这时候，工场的大门还紧闭着呢！大门一开，各自用起全副精神开始艰难的工作。随看铁锤的飞舞，马达的转动，汗的交流，他们获得了艰苦的经验。一直等到五点钟汽笛响了，他们才拖着迟缓的步子回

---

① 施扣柱：《青春飞扬——近代上海学生生活》，上海辞书出版社2009年版，第106页。

② 《学生对实验及实习生活的记述节录》，载《交通大学校史资料选编》(第1卷)，西安交通大学出版社1986年版，第573页。

③ 王黎：《同济大学学生生活》，《青年月刊》1937年第6期，第28页。

去休息！而试验室里做着化学分析的朋友，他们的工作尚未完成哩，他们做到天黑，甚至错过吃饭的时间，在辉煌的电灯之下，独自个烧着酒精灯挨到夜晚八时，害得实验室的校工叫苦连天。农学院的同学，连星期日也躲在温室里，观察动植物的生长向荣。各系同学，为了参观考察；牺牲了快乐的假日，也是常事，清晨深夜，更有不少人为获取知识而拼命努力着”①。

在南开大学，“讲到实验的人，当然是理科的学生做台柱了。化学室里的香香臭臭，真是百味俱全。嗅不惯的人上了科学馆的楼梯都叫苦。参观实验室，都掩鼻而过。情形虽然是这样，但是实验室没有一天没有人。下午五点、六点总还有人在，甚至于‘开夜车’的也不少，由此可以知道兴趣倒各不同，实验室也有实验室的乐趣。有实验室的人，一边做，一边玩，红红绿绿，软的变硬的，这一倒，那一和，鲜明的晶体，美丽的沉淀，都足使人神佑与往，无怪乎有的乐而忘返。若是碰了 rough 一点的，稍微不小心常常对面有一线水光直射到袖笼里，真使你笑不得，动不得，怨不得，又潮又冷，实在难受，也实在有趣。假若接触到不知道的，真好比哥伦布发现了美洲一样的快活，就是温存细腻的女学生，也得昂昂然轩轩然打个甜笑”②。

从这些校友的回忆可以看出，当时学生的实验室生活是紧张忙碌的，他们也非常享受做实验的过程。虽然做实验的过程是忙碌有趣的，但在实验完成之后他们还需要完成实验报告，不少学校对此要求也极为严格，如清华大学“张子高开设的普通化学以 70 分为及格；高崇熙的定量分析实验，最后矿物分析的误差与标准值偏差超过千分之二即为不及格，不能参加定量分

① 马文农：《浙江大学学生生活》，《青年月刊》1937 年第 1 期，第 77 页。

② 迈罘：《南大学生生活概观》，《南开大学周刊》1928 年第 51 期，第 6 页。

析考试，必须转系”[1]（见图 3-2）。燕京大学对学生的实验报告要求也非常严格，不仅注重报告的内容，而且对格式的规范和书写的工整都有要求，以此培养学生一丝不苟、严谨的科学态度。山东大学化学系对学生的实验要求很高，“本大学化学系，对于实验室研究工作，向来极注重。每年度终了时，即将研究结果作成有系统之报告，借以比较每年之成绩，且可供研究同类问题之参考”[2]。这些严格的要求无疑有利于学生的成长成才。

图 3-2 清华大学实验室
（资料来源：《科学》1925 年第 2 期）

有些学科应用性明显，必须通过实习实践等方式，才能检验学生学习的成绩，并在此过程中巩固学生的学习成效。因此，当时不少学校都十分注

① 赵匡华主编：《中国化学史·近现代卷》，广西教育出版社 2003 年版，第 128 页。

② 《化学系三四两期实验室报告已出版》，《国立山东大学周刊》1934 年第 99 期第二版。

重学以致用的学习，如南京高等师范学校就非常注重学生的实习，“农工商各科并重学习，农场实习每周两次，每次两小时。实习之分类：（一）主要农作物实习，于棉花、水稻、豆类、蜀黍等物尤为注重，每年一学生分畴授地，面积自五厘至二分不等。（二）农业木工实习，令从事造篱开沟士敏土各工作。（三）农场管理实习，令从事管理农业簿记。（四）乡田实习，于暑期中行之”，此外“工科于本校工场实习工作以外，本年暑假期中，分送二年级生至上海各工场，实习计算制图及金工、木工。商科现正在本校组织商社，于下学年实行。本学年暑假期中，派往商店实习”①。这是就实科学生而言，就文科学生来说“近亦有此趋势，有些学程须作实地的研究，如农科之植棉则往棉场实习，教育科的儿童研究则实际和儿童接触，实地就各方面去试验它。又如实验教育须研究教育之哪一方面，则亲自实地去研究它，所以她附属的学校，完全是试验的性质。凡此种种非常之多，不能一一叙述”②。

束容松回忆中央大学的学习生活时说，当时学校非常注重在实践中锻炼学生，如“教育学院同学研究智力测验、教育测验、人格量表、学习心理及天才教育；法学院同学研究经济资料、行政资料，著有田赋附加税调查第一集。农学院同学致力于稻作研究、森林研究、土壤肥料研究等”。③据燕京大学学生回忆：“燕京大学有一门功课叫作 Filed Work，每星期六得下乡实地工作一天。从上午八时到下午五时，地点是北平郊外的清河。那儿是我们社会学系的一个实验区，包括几十个村庄，工作有合作、教育、卫生、农业

① 朱有瓛主编：《中国近代学制史料》（第三辑下册），华东师范大学出版社 1989 年版，第 664—667 页。

② 曹刍：《东南大学南京高师学生生活》，《学生》1922 年第 7 期，第 7 页。

③ 束容松：《中大学生生活一瞥》，《江苏教育杂志》1936 年第 8 期，第 85 页。

等。”[1]复旦大学为锻炼商科学生的能力，曾在1919年设立国民储蓄合作银行，作为商科学生实习基地，当时合作银行在校内外皆设有营业部，业务皆由商科学生来承担，如1930年届商科学生就有16人在该行实习。[2]

竺可桢在东南大学、南京高等师范学校教授气象学时，经常组织学生进行实习。陈学溶在回忆当时的情景时说：“下午，练习班学员们要分批到北极阁山上去实习，实习观测、放高空气球、画天气图等。四五十个学生要分成许多批上北极阁实习，其余学生则自修。许多同学都买了‘蜂鸣机’，滴答、滴滴答……互相练习收发报。年轻的同学反应快，收发得好，年长些的同学就有点跟不上。”[3]地质学也是实践性很强的学科，中央大学的地质系经常组织学生开展实地调查研究。“中央大学地质系之调查南京地质，森林系之赴幕府山造林，农学院协助江南铁路公司创办合作稻作试验场，协助江宁县创办蚕桑改良实验区，协助棉业统制委员会创办江浦植棉指导所，又组织西北农业考察团赴西北考察农业，组织植物采集团赴云南采集植物，内中有一位陈谋君，因深入云南等地采集植物标本，不幸竟染疾客死墨江途中。”[4]

像专门学习文学的也通过各种方式提高自己的专业技能，如山东大学的学生，“每天下了课，或在业余时，该校学生都写文章、小说、小品文投到各报副刊或月刊，再加老舍先生不遗余力地提倡，故在该市各报副刊上的文字十分之六七是该校学生写的稿子。还有洪深老师提倡作剧本，在外埠各杂

---

① 伍伯禧：《下乡工作的困难——燕京大学学生生活的一个方面》，《独立评论》1936年第198期，第18页。

② 鄂基瑞、燕爽主编：《复旦的星空》，李尧译，复旦大学出版社2005年版，第486页。

③ 转引自樊洪业等整理：《我的气象生涯：陈学溶百岁自述》，中国科学技术出版社、上海交通大学出版社2015年版，第38页。

④ 束容松：《中大学生生活一瞥》，《江苏教育杂志》1936年第8期，第85页。

志文艺栏内，常有该校学生的作品，学生作剧本时有不明了之处，常去找洪老师指教，而洪老师很愿意答复，有时洪老师还召集对于戏剧很用心研究的学生谈话，常把电影的秘密以及导演的工作，演员的装扮，布景的设置，很详细地告诉学生，该校学生对于文学上很有研究，而且每月投稿所得的稿金足够自给，这是该校学生很令人敬佩的一处”①。

综上所述，当时学生的实践学习内容是十分丰富的，既包括在实验室做实验，同时也包括形式多样的实践学习，不仅是理工科注重实践学习，文科、商科、教育科等其他学科的学生也会通过各种方式进行实践学习，这使学生的专业技能得到极大的提升。通过学生将所学知识应用于实践，对于检测学生的学习成效，加强知识的掌握有极大的作用。

第二节　课外学习

课外学习是学生学习生活的重要补充，课外学习相对课堂学习而言自由欢快，受约束较少，学生们能够自由支配时间和学习内容，有时收获的知识，甚至比课堂学习还要多，因此也是学生学习生活的重要组成部分。当时学生的课外学习主要包括图书馆学习、组织学术社团和出版刊物、修学旅行等。

一、图书馆自习

民国时期，随着大学的建立和发展，大学图书馆也逐渐发展壮大。大学

① 宋庆云：《学生生活》，《新闻报》1936年4月2日第14版。

图书馆不仅是藏书的场所，而且是学生课堂之外的重要学习场所，学生可以在这里自由地学习和遨游，从某种程度上讲相较于课堂学习意义更为深远。曾有人这样描述图书馆，“图书馆是学问之府库，图书馆是知识之源泉，图书馆是大学之魂灵，图书馆是永远之良师，图书馆是神交之好友，图书馆是学生之参考室，图书馆是教员之研究室，图书馆是学术之试验场，图书馆是灵魂之休养所，图书馆是道德之改良所，图书馆是学者之参考部，图书馆是工商之制造厂，图书馆是知识之交易所，图书馆是高等之游艺场，图书馆是各界之俱乐部，图书馆是教育之流通处，图书馆是思想之保存所，图书馆是理论之实验室，图书馆是万事之问津处。请用图书馆，请助图书馆”[①]，生动地揭示了图书馆之于大学的意义。

当时图书馆是学生们课外学习的主要场所，在不少大学图书馆经常呈现一副热闹繁忙的景象。在清华大学，“图书馆是各处最热闹的地方，一天到晚来往的人不绝；每下一堂课，便吞进一批，吐出一批：这里是自修的大本营。阅报室，杂志室，借纳处，书库里是常常充满着人的”[②]，“参考阅览室在一天之中没有闲空的时刻。晚上七点半后，同学们都携着书、纸、笔像潮水般涌进那儿去。直到十点半钟，图书馆要闭门了，又同潮水般涌出来”[③]。在中国公学，“图书馆里也和公共杂志的售卖处一样，从早到晚不断地有它的顾客，翻杂志，阅报纸，借书籍，个个同学以期得到捷足先登的优越权利，甚至馆内主顾大有不能应付之势。所以一天到晚，也还不逊于先施永安的热闹”[④]。北平师范学院学生是有名的“埋头苦干”，“每天除了上课以外，必到

① 曾昭六等编：《复旦大学甲子年鉴》，1924年，第23页。
② 唐炯炎：《清华大学学生生活》，《青年月刊》1937年第1期，第71页。
③ 同上。
④ 李次民：《中国公学之学生生活》，《中国学生》1929年第3期，第17页。

图书馆去，阅报的，看杂志的，读参考书的，所以图书馆里，整天都是你挤我拥，有时差不多连座位都没有空，阅报室几乎无立足的地方。一般的同学对于光阴是很爱惜的，无论在哪里，都可以看到这种刻苦的精神”①。燕京大学图书馆“每晚七至十时总是楼上、楼下挤满数百人”②。大夏大学的学生学习风气很浓，“在这个学府里，学术的风气是相当的浓厚，专以获得奖学金为荣的人们不用说，两手总是捧着学校的课本，片刻也离不开它的。就是把学校功课不当一回什么事的人们，也充分地把他们的时间消磨在图书馆和研究室里面（当然，专门跳舞与白相的公子哥儿是除外的）”③。可见当时图书馆是学生课外学习的主要场所，学生们在图书馆学习时也非常刻苦认真。

学生们热衷于去图书馆，主要有几个方面的原因：其一，图书馆设备优良，能够提供较优越的环境。如浙江大学马文农说：“图书馆是个好地方，冬天有火炉，夏天有时也装着摇头电扇，乳白的灯球放射出柔和悦目的光线，加之几明窗净，座位又比较舒服。所以每天到图书馆去读书的人，倒也不少。”④中国学院的图书馆很有特色，“图书馆在中院是很出色的，她是自己一个院落，满植着各种的树木，每到春夏，花香鸟语，很令人留恋……里面的设置也很好。一楼是杂志和报章，二楼是图书阅览室，三楼是各系的研究室。书籍也还足用，你要喜欢看那本书，用学生证为抵押，就可很快拿到。书是每月都新添，新买的书，还特别写在牌上，以唤起注意”⑤。清华大学的

---

① 黄日全:《北平师大的学校生活》,《学校生活》1936年第132/133期合刊，第91页。

② 谭邦杰:《我所认识的燕大学生生活》,《现代青年》1937年第1期，第25页。

③ 凤子:《丽娃栗妲河畔的学宫：大夏学生生活素描》,《读书青年》1936年第6期，第51—52页。

④ 马文农:《浙江大学学生生活》,《青年月刊》1937年第1期，第76页。

⑤ 里飙:《中国学院学生生活》,《现代青年》1936年第4期，第28页。

图书馆宏伟壮丽，“到过清华的人，总没有不赞美清华图书馆的伟大而富丽的吧！诚然，清华图书馆的完善，是使清华完善的一个重要原因。唯其完善，这里便成为全校学生读书的集中地了”①，“就是一个不喜欢用功的人，不时到图书馆里去看看，也要油然而起读书之心，何况我们现在正是青年，知识欲最强的时候”②。圣约翰大学的图书馆更是环境优雅，“古木参天，掩映着一所红色洋楼，楼的四围，却是一片油绿的草地，草地的西边，却又镶着一湾流水。在这风景宜人之处，如其能登楼读书，虽则此楼不如黄冈竹楼之雅，然而也就很有福气了。幸哉！幸哉！这所楼就是约翰的图书馆”③。南洋公学图书馆的环境也不错。“立在窗前，推窗远望，因为馆后有一假山，山虽不高，上面草木却长得郁青可爱。山外有一小溪，溪虽不深，却也源通大海，载有行船。山水具备，清寂宜人，所以阅书室里，除了学究生活而外，还兼有隐者的生活呢！”④可见，当时不少学校图书馆环境比较优越，能够成为学生的理想学习场所。

其二，图书馆拥有众多藏书，学生为完成教师安排的学习任务、毕业论文或备考等必须到图书馆。例如，燕京大学“图书馆的设备很周到，里面的藏书也很多。差不多所有功课都注重课外的参考，由教授指定课外的参考书，叫学生自己到图书馆去阅读，就把必读的结果和意见写成笔记交上去；或者是由教授指定题目，让学生自己去研究，就把研究的结果写文章交给教授。这工作是很吃苦的，又要看书，又要作文，所以一般学生就不得不常到图书

① 彭芝芳：《清华学生生活之一页》，《学校生活》1935年第106期，第21—22页。

② 吴景超：《清华学校学生生活》，《学生》1922年第7期，第33页。

③ 何瑞棠：《图书馆》，《约翰年刊》1927年，第26—29页。

④ 何鸿业：《图书馆里的生活》，《南洋大学学生生活》1923年版，第20—24页。

馆去”[1]。“至于最后一季的四年级学生，几乎除了吃、睡、上课外，全日都埋首于几十本书报堆里，设法弄成那篇毕业论文。除了这所总的图书馆外，各学系都有一个小图书馆，凡与该学系（如外国语、心理、新闻，等等）有关之书籍杂志，收集得很丰富，该系主修生可以任意借阅。”[2]（见图 3-3）清华大学考试频繁而严格，学生们“一有闲暇的时候，大家都拥挤在图书馆里，进行工作，或整理笔记，或绘图报告，或参考书籍，或研究专家文学，皆静悄悄地坐着，注视在课本上面，并无左顾右盼，谈笑扰攘的情形，就是你受着感冒，咳嗽流涕的话，也要用手闷着鼻，微微咳嗽，拭拭清泪，万不能自由动作，扰乱了大家读书的情绪”[3]。当时注重自主学习的教学方法和严格的学习要求，使不少学生课余时间选择在图书馆学习，以应对繁重的学习任务。

其三，图书馆相较宿舍比较安静，能够使人静心学习。很多同学在寝室里念书，但寝室“有胡同里的脚步声，进出开门声，同室仁兄的读书声，高邻隔壁的西皮二黄声，冬天听差在火炉上掏灰加煤声，以及种种说不尽的声，吵着麻烦，扰乱读书清兴，所以都欢喜夹着书本到图书馆去预备功课”[4]。特别是考试期间虽然图书馆人满为患，但还是有不少人前往图书馆学习，“桌上满满地挤着人，大家苦眉皱眼，在那里生吞强记，他们何以不坐在房里藤椅上，逍遥自在地读书呢？这也有个缘故，因为宿舍里每每有些‘拆烂污’朋友，大呼小叫，琴歌沸腾，扰人清思，而且在这生死关头，岂可模糊过去。因此利用图书馆不准出声的条例，做些‘抱佛脚’的功夫，所

---

① 濠人：《“世外桃源”的学生生活的片段——燕京大学学生生活的素描》，《十日谈》1934 年第 31 期，第 269—270 页。

② 谭邦杰：《我所认识的燕大学生生活》，《现代青年》1937 年第 1 期，第 25 页。

③ 王正海：《清华大学学生生活剪影》，《新青海》1936 年第 4 期，第 36—42 页。

④ 《清华生活》，《清华周刊》1927 年第 11 期，第 566 页。

以馆里竟如‘山阴道上’，大有应接不暇之势哩”①。

图 3-3 燕京大学图书馆内景
（资料来源：《中国大观图画年鉴》1930 年）

当时学生们在图书馆学习时十分认真、刻苦，展现出一副静谧的景象。清华的学生去图书馆学习十分积极，去图书馆被称为“开矿”，这主要是因为按照“馆例‘凡是指定的书不许借去，仅领在阅览室阅读的’，所以当开馆的一刹那，一群人拥在领书处前，争先恐后地领着他需要看的书……因为有这样的争着借书，和埋头地苦读，所以好事者就加上一个名称，叫作‘开矿’；矿工开矿是拼力挖着的，这也许有点仿佛”②。学生中“不做矿工的同学，那是很少的。因为教授先生每天差不多都有指定工作，非叫你钻进矿洞

① 何瑞棠：《图书馆》，《约翰年刊》1927 年，第 26—29 页。

② 彭芝芳：《清华学生生活之一页》，《学校生活》1935 年第 106 期，第 21—22 页。

里去工作几小时不可”[1]，在图书馆里“每个同学都会心集神地看着书，屋里有一种严肃的空气。你除了听见‘嗖嗖’的钢笔声或细微的翻页声音外，再也听不到什么。这种‘开矿’的精神会使人见了肃然起敬”[2]。燕京大学“图书馆最热闹的时候在晚饭后。在明亮的电灯下，几百个男女青年会集在一个场所，正在勤勤恳恳地工作着，这情形看了是很使人满意的”，同时“图书馆里的规则很严，最重要的一点是保持肃静；因为一个人不肃静了，便会扰乱全体的工作。对于这一点，成绩是很好的。穿着鞋的学生们走进图书馆里来，自然而然地要轻着脚步走路；有时候掉下一本书本到地下去发出来巨声，自己便要觉得惭愧；就是必要时说话，也是凑着耳朵轻声细语的。要是不依照这么做呢，那大家的责咒恨厌的眼光便都集中在他的身上，强迫着他非照着样子履行不可”[3]。宋志斌回忆北平师范学院的图书馆时说：“师大学生之读书习惯，给我的印象最深。无论平常或假期，各自习室内，都有许多同学埋头用功。如到图书馆去，更能感动你，在从前我就在自习室用功，虽然很清静，但有时因同学说话，自己不免就受到影响。后来我到图书馆看过两次书，无论在楼上或楼下，都觉着比自习室内好得多。师大虽然穷，但对图书馆方面，却竭力扩充，现在杂志就有几百种，其他书籍也屡次增加。同学有的看参考书，有的抄笔记，有的作稿子，也有的在练习翻译。师大各系都另有图书馆，书籍杂志很多。我看到同学这样奋勉，读书的兴趣不觉油然而生。”[4]中国学院图书馆的学习情况是“读书的人有的在读书，有的在默思，有的在记笔记。谁也不言语，就是那对坐的男女同学，也只能眉目传情，不

① 唐炯炎：《清华大学学生生活》，《青年月刊》1937年第1期，第71页。

② 同上。

③ 濠人：《“世外桃源”的学生生活的片段——燕京大学学生生活的素描》，《十日谈》1934年第31期，第269—270页。

④ 宋志斌：《师大学生生活素描》，《读书顾问》1935年第4期，第341页。

敢声张”[1]。从当时学生们在图书馆学习的情形可以看出，学生的学习自主性比较强，学风扎实朴素，呈现良好的学习风貌。

当然有些理工科学校，因为学生着重于做实验等事宜，去图书馆的人相对较少，也使图书馆显得更加空旷和安静。例如，南洋公学“阅书室有中文、西文两部，分设在第二层楼左右……每夜各层楼上，电灯耀照，远远望好似有数十百人在内开大会。但是玻璃窗紧闭，一点点声音也不漏出。其实室中人数，比阅报室中的尤少。每二三人占一室，一个人据一桌。桌面之大，可以横卧全牛。与两院寝室中济济多士的盛况比较，真有天渊之隔。在这种寂静的阅书室里面，看书是最相宜了，为何同学们多不去呢？据记者观察，第一，因为我校是工科性质，学生于下课后，演习题，作报告等等，忙得不亦乐乎，所以不能分身前往。第二，因为阅书室不是终日完全开放的，昼间从午后一点钟起，到五点半钟止。夜里从七点钟至九点钟，只有两个钟头。同学们若是四点钟下课后再去时，已是关门呢了。因之遇着必须要常看的书，便填一张特别借书券，请该科教授签名，将书借出，在寝室里细细地看，不必过劳往返，常到图书室去。中文书的特别借券，无须教员签名，便可生效，所以在中文部阅书室里的人，比西文部的更少了。这是解释图书室内寂静的原因”[2]。

二、组织学术社团和出版刊物

学术社团主要是指以从事学术研究为宗旨的学生组织，其主要活动方式有演讲、辩论、讨论、讲座、办理刊物等，这对于激发学生学习兴趣和研

① 里飙：《中国学院学生生活》，《现代青年》1936 年第 4 期，第 28 页。

② 何鸿业：《图书馆里的生活》，《南洋大学学生生活》1923 年，第 20—24 页。

究热情有重要作用。民国时期大学生学术社团的兴起与当时不少引领学界风气之先的校长的倡导密切相关。自1917年蔡元培执掌北京大学之后，希望通过培养学术空气改变北京大学如同官样衙门的现状，非常注重学生社团工作，顾颉刚曾回忆说："北大学生本来毫无组织，蔡先生来后，就把每班的班长召来，劝他们每一系成立一个学会。许多班长退下来踟蹰道：这件事怎么办呢？因为同学间实在太散漫了。但靠了蔡先生的敦促和领导，以及学校在经费上的帮助，许多会居然组织起来了。不但每系有会，而且书法研究会、画法研究会、音乐研究会、辩论会、武术会、静坐会……一个个成立起来，谁高兴组织什么会就组织什么会，谁有什么技艺就会被拉进什么技艺的会。平时，一个人表现自己能力时很有出风头的嫌疑；可是到了这个时候，虽欲不出风头而不可能了。校中尽有消遣的地方，打牌听戏的兴致也就减少了许多。"① 可见蔡元培对北京大学学生社团发展的重要推动作用。南开大学校长张伯苓也非常注重学生社团的发展，他认为学生"不单是要从书本上得学问，并且还要有课外活动，从这里得来的知识学问，比书本上好得多"。在他的倡导下，学生组织各种社团，积极开展各种课外活动，学校不但给学生活动提供场地、补贴经费，还派教师指导，使得民初南开大学有了敬业乐群会、新剧团、校风出版社等社团。②

当时各个学校学术社团数量众多。例如，北洋大学自1915年至1937年先后成立20多个社团，分别是英语辩论会、国语演讲会、北洋大学季刊、学生会、学余社、采冶学会、电影社、摄影学会、土木工学会、音乐社、和

---

① 转引自余毅：《悼蔡元培先生》，载陈平原、郑勇编《追忆蔡元培》（增订本），生活·读书·新知三联书店2009年版，第134页。

② 参见顾明远总主编：《中国教育大系：20世纪中国教育》，湖北教育出版社2015年版，第457页。

和会（口琴会）、河滨社、武库社、消费合作社、抗日救国委员会、机械工程学会、国剧研究社、电机学会、新文字研究会、双十半月刊社等，其中大部分是与学习有关的学术社团。[①] 南京高等师范学校截至 1922 年共有 16 个研究会，分别是文学、史地、哲学、英文、数理化、教育、工学、农业、体育、演说、图画、国乐、西乐、军乐、戏曲、摄影社团。[②] 北京高等师范学校有国文学会、英文学会、史地学会、博物馆学会、数理学会、理化学会、美术研究会、工学会、平民教育社、雅乐组、昆曲组、新剧团等十多个学生社团。[③] 北京大学学生社团的数量更是增长迅速，1917 年先后成立理科化学演讲会、书法研究社、雄辩会、阅书报社、体育会等 6 家学术类社团，1918 年又成立国民杂志社、数理学会、哲学会、理科大学月刊、新闻研究会、诗社、校役夜班、新潮社等 8 家学术类社团，1919 年还成立有新剧团、学余俱乐部、北京大学速记学会、辩论会、史学演讲会、新知编译社、文预科一年级英语甲班英语会等 7 家。[④] 东吴大学学术研究团体也极度发达，“如生物学会、法律学会、经济学会、国际问题研究会等等，而且每个学会还有墙报、定期刊物、将会员研究所得露饰出来，有的好唱‘四郎探母’的同学组织一个京剧社，有的喜欢‘爵士音乐’的同学组织一个歌咏团。这两个团体每次的公演都轰动苏州的”[⑤]。从这里也可以看出，民国时期学生学术性社团不仅数量众多，而且基本涵盖各个学科门类，不少学校都以系为单位成立专门的

---

① 参见李喜所、薛长刚：《展示自我：民国时期北洋大学的学生社团》，《历史教学高校版》2010 年第 4 期，第 10 页。

② 参见曹刍：《东南大学南京高师学生生活》，《学生》1922 年第 7 期，第 9 页。

③ 参见黄公觉：《北京高师的学生生活》，《学生》1922 年第 7 期，第 16—19 页。

④ 参见李浩泉：《民国时期北京大学学生社团活动研究》，华中师范大学博士学位论文，2012 年，第 38 页。

⑤ 潭子浓：《学生生活》，《新闻报》1936 年 2 月 25 日第 14 版。

学术研究社团，以此促进本专业学生的学业进步。

这些学术社团成立后的主要工作有三个方面：一是创办学术刊物发表学生的作品，“各就其自身的研究，作成论文，集合拢来刊行一本会刊”。例如，当时南京高等师范学校数理研究会办有《数理化杂志》，教育研究会办有《教育汇刊》，史地研究会办有《史地学报》，文哲学研究会办有《文哲学报》，工学研究会办有《工学丛刊》，农业研究会办有《农业丛利》和《农业教育》，体育研究会办有《体育丛利》等。[①]中央大学各个学院的学生也创办不少刊物，如文学院有《文艺丛刊》《社会科学丛刊》，理学院有《科学研究录》，教育学院有《教育丛刊》《心理半年刊》《体育杂志》，农学院有《农业杂志》《畜牧兽医季刊》等。[②]北洋大学的学生社团办有《双十半月刊》《无线电周刊》《机械半年刊》《土木工学年刊》《采冶年刊》《学余月刊》《北洋大学周刊》《北洋大学季刊》《北洋大学半月刊》等。其中有些学生社团创办的刊物，还在社会上产生了广泛的影响，如同济大学的“德文月刊社，教授及同学自动组织而成。所发行之德文月刊，以辅助学习德文为宗旨，内容均中德文对照，且有极精确而详明的注释，其文法一栏，尤特别出色，浙省主席朱家骅先生常有文笔在里面发表”，医学院学生组织的医学会“所发行之同济医学季刊，执笔者多系国内名医专家”。[③]北京大学新潮社创办的《新潮》杂志则深入参与新文化运动论战，乃至与《新青年》齐名，对于积极推进新思想、新学术和新文学有深远的影响。

二是邀请国内外学者前来学校讲学，“譬如各会每学期必须请几位指导员（本校教员）或校外名人来讲演，和会员的研究报告”。例如，南京高等

① 参见曹刍：《东南大学南京高师学生生活》，《学生》1922 年第 7 期，第 9 页。

② 束容松：《中大学生生活一瞥》，《江苏教育杂志》1936 年第 8 期，第 85 页。

③ 王黎：《同济大学学生生活》，《青年月刊》1937 年第 6 期，第 29 页。

师范学校史地学会在1920—1922年邀请诸多校内外名家来校做学术报告，如陈衡哲作讲演的《中国史学家之责任》《中国与欧洲交通史大纲》、徐进之讲演的《近代文化之起源》、徐则陵讲演的《爱尔兰问题》、曾膺联讲演的《南洋风土情形》、竺可桢讲演的《美国之情形》、柳诒徵讲演的《史之性质与目的》《中国近世之史料》、梁启超讲演的《历史统计学》、翁文灏讲演的《万国地质学会之略史》、白眉初讲演的《直隶水旱之原因》、葛敬中讲演的《欧洲社会概况》、江亢虎讲演的《游俄杂谈》、李宜之讲演的《德国社会情形》等。当时学校学术氛围浓厚，如泰戈尔来校演讲时，旁听学生众多，看台甚至被压坏，可见学生对于泰戈尔的崇拜，以及对其演讲的欢迎。[①]中央大学在每周的纪念周都请一位名人到校演讲，以1935年下学期为例，所请名人演讲有：（1）美国哈佛大学政治系主任何尔康教授讲近代政治思潮；（2）英国剑桥大学物理学博士司徒德生教授讲量子力学；（3）林东海先生讲西藏问题；（4）尤寅照先生讲新疆问题；（5）秉农山先生讲学者之环境与修养；（6）丁文江先生讲现代之中年与青年；（7）美国社会运动家穆德博士讲时代溯流转变中青年之新觉悟；（8）德国地质学专家麦希纳博士讲新疆、青海及西藏问题；（9）波兰驻华公使魏登涛讲皮尔苏斯基与波兰之复国运动；等等。[②]

三是组织集体活动，主要是组织辩论、演说以及社团集体活动等形式多样的活动。例如，南京高等师范学校的"英文研究会，现在分英文文学、英文演说两部，演说部每两周即练习一次，并且不时还举行英文演说竞争会、英文辩论会。如演说研究会也是时常练习，所选出的代表参与江苏省教育会之演说竞进会，无往而不胜利的。又如教育研究会，遇到特殊问题，就开会

① 吴忠良：《经世一书生——陈训慈传》，杭州出版社2009年版，第13页。
② 束容松：《中大学生生活一瞥》，《江苏教育杂志》1936年第8期，第85页。

辩论，上半年如关于中学男女同学问题的辩论，听者几千人，新近演放婴儿活动视频，入座者又约五百人；民乐、西乐、中乐，因性质相同，合并编为一音乐会，上年年底会开一音乐大会，演奏中西音乐，极得外人之称誉。再如戏曲研究会，曾表演过几次，不几日为筹款赎路事，又将表演了。至于摄影会，都逐日地在那儿练习”[①]。东吴大学的东吴学会“每星期六，十点钟一到，林堂前面便聚集了许多教育部的学员，都是兴高采烈，争先恐后准备去参观兄弟院校。还有生物部的学员，拿了网、瓶，去采集动植物的标本，其余各部也都约定了地点，不是调查和参观，就是集会演讲，所以这一天校中发现一种活泼的新气象，真令人感觉愉快”[②]。

然而由于功课繁重，有些学校学生参加社团并不积极。以清华大学为例，“校内尽有各种学术会、研究社的组织，但是‘戳穿西洋镜’，大都只是选举干事，开开茶话会而已；有时虽也请校内外名人演讲，但次数既不多，到会的人也殊欠踊跃。比较有生气能代表学生课外作业成绩的是清华周刊，现在已有二十多年的历史。至于清华学报呢，那是教授先生们的‘宠门’，学生是不大敢问津的；偶然登载一两篇同学的文字，恐怕作者是要‘身价十倍’了”[③]。有些学校的社团则旋起旋灭，以中国大学为例，“以前成立有，第一，党义研究会——研究主义，发扬革命理论；第二，英文学会——研究英语英文；第三，法律研究社——研究法律，出版有法律周刊一种；第四，绮虹社——研究文艺，出版有绮虹日刊一种；第五，政治研究社；第六，英语演讲会；第七，妇女问题研究社——出版有妇女半月刊一种；第八，文学研究社——研究新兴文学；第九，日语研究会；第十，国学

---

① 曹刍：《东南大学南京高师学生生活》，《学生》1922 年第 7 期，第 10 页。

② 大文：《生物学部》，《东吴年刊》1922 年，第 148 页。

③ 龚家麟：《清华大学的学生生活》，《独立评论》1936 年第 196 期，第 15 页。

研究社及其他社团。现在呢，除英文学会、法律研究社、政治研究社、英语演讲会、日语研究会等还继续存在外，其余皆解散或停顿。继起者有绿洲文艺社（研究新文艺）、世界语学会、真实学会、国际问题研究社、哲学研究会及其他等等”[①]。

总体而言，民国时期各个大学的学术社团众多，开展的活动丰富多样，为大学生提供了展现自身创造力、拓展学习和生活的空间。虽然当时的学术社团存在一些问题，但瑕不掩瑜，各学术社团组织开展的各项活动，使学生能够更加深入地参与学术研究，聆听名师教诲，增长自身才干，对于学生成长成才发挥着不可替代的作用。

三、修学旅行

所谓修学旅行，是指“学生在校学习期间，为了配合教学而开展的以丰富知识、增长见闻、扩大视野、培养素质、增进交流和学科实践等为目的的一种旅行活动”[②]。修学旅行的重点是“学”，这是其与普通旅行最大的区别。修学旅行的产生，一方面是对中国“游学”传统的继承，中国历来讲求“读万卷书，行万里路”，早在春秋时期孔子就带领诸弟子周游列国，这一传统被后来的读书士人继承；另一方面是受日本修学旅行的影响，日本的修学旅行活动起源于明治维新时期，时至今日仍是日本教育的一大特色，在清末时期修学旅行思想随着留日学生的介绍传到国内。

早在清末时期就已经有学校开展修学旅行活动，如京师大学堂师范馆的

---

① 王西稔：《我们的大观园：北平中国大学》，《读书顾问》1935 年第 4 期，第 326 页。

② 刘京京：《民国时期师范生修学旅行活动的产生、开展及其特点——以六所高师为中心的考察》，《教师教育研究》2022 年第 3 期，第 116 页。

学生于1905年赴烟台海滨采集动植物标本，两江师范学堂在1908年就组织优级本科生进行修学旅行。[①]及至进入民国，修学旅行活动更加普遍，而且得到了国家政策的支持。1913年教育部咨商各省行政长官，要求为修学旅行的学生车船费减半，以减轻学生的负担。[②]1917年教育部根据全国教育会议的议决颁布训令，明确要求"专门以上学校，调查、采集、旅行、研究、参订编著论文，讲演学术；师范学校，调查、采集、旅行、温习课业、讲演教育"[③]。这样，在国家的大力提倡和政策支持下，修学旅行活动得到更广泛的开展。

当时为便利修学旅行活动的开展，民初交通部、教育部以及部分学校采取减免学生路费、提供经费支持等举措。1920年交通部出台规定，"在放假期内结人旅行不得少过十人者，出外研究学业或参观名胜地方，若系单程者，其票价则准照普通票价核减百分之二十五，若系往返者则核减百分之五十"[④]。就学校层面而言，不少学校都为学生修学旅行提供交通或旅费补贴，如北京高等师范学校规定，"校长得斟酌情形增损旅费。凡关于公共费用如运送行李等费由学校支给。学生享有每日旅馆费及零用一元""旅行出发之前五日，由教员做预算书呈校长核准，然后交会计课，出发之前一日支给旅费"[⑤]。又如，江苏大学规定"学校补助学生修学旅行费，每名最多以二十元

---

① 《两江师范优级本科生修学旅行》，《新闻报》1908年4月20日第10版。

② 《学生实地考验修学旅行车船减价之咨商》，《教育周报》1913年第6期，第18页。

③ 《教育部通行各直辖学校假期修学办法训》，《教育杂志》1917年第5期，第10—11页。

④ 《交通部核定京奉京汉京绥津浦沪宁沪杭甬各铁路发售学生团体旅行联运乘车票减费规则》，《交通公报》1920年第44期，第22页。

⑤ 《修学旅行规程》，《北京高等师范学校校友会杂志》1916年第1期，第90页。

为限”“其请求所得之数如超过二十元者，学校不另给津贴”。[①] 再如，陕西学生林则衣赴美国修学旅行，考察美国重要之煤铁矿，请求省政府拨发修学旅行费获得照准。[②] 当然，也有些学校是学生和教师自行承担修学旅行的费用，如中山大学法学院组织修学旅行时明确规定，“教员每名收豪券五元，职员每名三元，学生每名二元五角，其不敷之数，另行设法筹集之”[③]。

就修学活动的组织而言，有学校组织的，也有学生个人组织的，个人组织又分为广发“英雄帖”招募同道和朋友或同乡组织这两种形式。学生自己对修学旅行活动的描述也反映了这些不同的组织形式，“这些旅行团分为三种，第一种是学系或学会组织的旅行队，这些是由学系学会加以津贴的，须是学系的学生或学会的会员才可以参加，但这些旅行队的行程不远，多半是以当天能够来回为原则，如南口、明陵、西山等地方。第二种是由几个人发起的，先把旅行的线路、时间、费用决定好，然后拟具办法公布，广征同志参加，如由北平出发，至鄂州，经开封，至洛阳，再到潼关和西安。或者是从北平出发，经济南，到泰安游泰山，这些的规模就来的大了。还有的私人组织，也许是同乡，也许是好友，大家共同决定了旅行的线路，就出发了，这个是不要外人参加的”[④]。

就修学旅行活动的内容而言，主要包括参观考察国内教育和实业发展状

---

① 《江苏大学学生修学旅行条例》，《国立大学联合会月刊》1928年第10期，第118页。

② 参见《咨陕西省长陕生林则衣请发修学旅行费一节应照准文》，《教育公报》1918年第6期。

③ 《法学院通告：附法学院全体员生第一次集体修学旅行办法大纲》，《国立中山大学日报》1937年第2445期第2版。

④ 濠人：《“世外桃源”的学生生活片段》，《十日谈》1934年第35期，第426—427页。

我们夏天到此，一定要使得个个发病，更比现在要受罪得多呢”[①]。可见住宿环境之恶劣。在饮食方面，修学旅行有时难免长途旅行，因各地饮食差异，导致有些学生不适应，如中山大学学生赴湖南考察时“管理人员招呼我们午膳，膳中皆由辣椒调味，至不惯吃辣味的我们，乃被其开了一个玩笑，湖南人惯食辣椒不足为奇，我辈则不免辣得泪涕交流矣”[②]。有些学生去日本考察时，不适应当地的饮食，“其时已午，至一小铺用膳，其价昂，每人饭一盂，上覆以蛋，味咸而甜，殊非适口，盖日本饭也”[③]。

虽然学生们在修学旅行过程中会遇到各种各样的困难，但却也收获颇多。修学旅行本来就是通过旅行来增长见闻和知识，在此过程中学生们通过自己辛苦的奔波也都基本达成此目的。例如，1917年北京高等师范学校博物三年级学生前往烟台修学旅行前后共八天，“所得标本百余种，虽种类不多，然于植物则见叠翠丛生，于动物则见生态奇巧，于洪涛冲击海岸之际并见地质上侵蚀削磨诸地质现象，是役也，获益岂浅显哉”[④]。北京大学地质系的学生前往山西进行地质考察，“在阱井、阳泉两处下井参观井中情形，并参观矿局所设之各工厂，及阳泉冶铁厂，并于采矿、冶金各科皆受益不少，短期内，能观如此事务，吾人不胜欢幸”[⑤]。中山大学法学院学生1937年集体前往惠州修学旅行，通过考察“对于该地之行政、司法、经济、文化事业、社会

---

① 张兆瑾：《晋省地质旅行经过追记》，《清华周刊》1932年第9期，第23页。

② 朱志诚：《农林化学系春季旅行团赴湖南南岳衡山及粤汉铁路沿线考察纪要》，《国立中山大学日报》1937年第2406期第6版。

③ 一九二八级：《日本考察记》，《浙江大学工学院月刊》1928年第4期，第7页。

④ 博物部三年级：《第二次烟台修学旅行报告》，《北京高等师范学校校友会杂志》1917年第3期，第19页。

⑤ 丁道衡：《地质系三年级山西旅行报告》，《北京大学日刊》1925年7月1日，第4版。

状况，所得良多，在均足以增益讲堂课本上之所不逮”！[①]

交通大学学生思春曾前往西安和北京考察，途经江苏、安徽、山东、河北、河南、陕西六省，他感慨道：“我们畅游北平和西安的名胜古迹，我们看到风景秀丽的青岛海滨和奇峰百出的崂山，我们经过闻名国内的泰山和华山，我们参观过平绥铁路、陇海铁路和其他各地的伟大工程，我们亲临考察全国一致注视的‘西北’。在这五百小时中所得的智识，比在学校中五千点钟还多哩！”[②]通过在修学旅行中对国内外学校的考察，同学们也增长了见识。例如，北京大学教育系的学生赴日考察，参观泰明小学校“其房舍之宽敞而坚固，设备之完整而适宜，同行无不称异”；参观东京府立第一女子高等学校时，学校“规模建筑皆甚伟大，如割烹室（烹饪室）、裁缝室、作法室（练习日本及西洋礼貌用）等设备，尤见整齐。地理教室标本甚多，且有幻灯设置，室内运动场禁穿鞋者踏入，以防不洁物之侵入，其注意如此。物理实验多用玩具中之有物理作用者为直观教授之仪器，自然容易引起女性之兴趣。音乐室以橡木贴墙，使声音不致反应，亦不至致外传，为建筑之最新式者”[③]。这些见闻都扩展了学生的认识。

学生们在深入的社会考察中见到的各种社会景象，激发了他们的爱国感情，培植了他们的家国情怀。例如，北京高等师范学校的学生于炳祥、王燮阳在修学旅行过程中见识到中国的落后感慨道：“因思我国地大物博，以物产论以气候论，凡天下之所赋，在世界各国中，无不首屈一指，而又为最古之文明国。今乃一贫至此，即以交通一端而论，铁路如此之少，路政如此之

---

① 《法学院集体修学旅行团昨已返校》,《国立中山大学日报》1937年6月19日，第2版，第2页。

② 思春:《毕业旅行记》,《交大学生》1935年第3期，第19页。

③ 国立北京大学教育系赴日参观团:《参观日本教育报告》,《北大学生》1930年第2期，第103页。

不修，一般武人政客之卖国自肥，四万万国民受其鱼肉而不悟，斯真可为伤心者也。”[①] 董振舜在修学旅行的过程中考察完工厂后深觉，现在“风云紧急了，已著成效的永利碱厂在计划着南迁和扩大，外势力是一天天地紧压着，而国内工业界也在一天天地发展着抵抗力。中国已不是往日的中国了。努力吧，光荣就在眼前”[②]。北京大学教育系学生前往日本参观，聆听演讲时日本将中国学生等同于朝鲜学生，“吾等不胜愤懑之至，盖彼对吾等与朝鲜学生同样对待，可恶孰甚”[③]。可见，通过修学旅行学生们加深了对国家和社会的认识，有利于他们爱国思想的培养，坚定了他们为国家富强而读书、奋斗的信念。

第三节　考试情况

考试是学生学习生活中极其重要的组成部分，可以说伴随他们学校生活的始终。考试作为甄选人才的重要手段，对于在校学生来说，一方面是对学生在校学习成绩的检验，另一方面是实现社会分层和阶层流动的重要管孔。自近代学校制度建立后，学生自入学之日起就面临各种各样的考试，有些重要的考试甚至影响他们的前途命运，考试也成为学生日常生活的常态。

---

① 于炳祥、王燮阳：《修学旅行日记》，《北京高师周刊》1923年第200期第8版。

② 董振舜：《修学旅行记》，《药报》1934年第74期，第101页。

③ 国立北京大学教育系赴日参观团：《参观日本教育报告》，《北大学生》1930年第2期，第69页。

一、严格的考试要求

根据 1912 年教育部颁布的《学生学业成绩考查规程》，学生的考试成绩分为甲、乙、丙、丁四等，其中甲等 80 分以上，乙等 70 分以上，丙等 60 分以上，丁等为不满 60 分，丙等以上为及格，丁等为不及格，及格者毕业或升级，不及格者留级，留级两次仍不及格者，命其退学。[①] 各个学校在此基础上分别制订本校的考试标准，不少学校的标准都严于教育部的规定。

南开大学的学业考试成绩分为甲、乙、丙、丁、戊 5 个等级，同时还规定学生的考试结果按比例分别规定不同的人数，“如果得 E 的学生，须占该班全体学生人数的百分之零到百分之五，得 D 的须占百分之五到百分二十，其中 E 为四十至四十九分，D 为五十至五十九分。当学年之末，每人如得或积得三个 D 或两个 E 的，就得‘开步走’（即被开除）大吉”[②]。清华大学也施行与南开大学类似的考试制度，根据规定学生成绩分为超等、上等、中等、下等、及格、不列等六等级，其中超等比例不超过 5%，上等 20%—25%，中等约为 50%，下等 20%—25%，列入不及格和不列等不超过 5%。“学生各等功课都在中等以上，自然是毕业出洋，无话可说；如果他在一年内有两门功课都得不列等，就要被开除了。如果有一门功课是不列等，他就要复习。复习是一件极伤心的事，因为今年的功课，下年如需复习，那么下年的功课就得少读一门，结果是年限满了，功课还未念完，如想毕业，还得多住校中一年。下等与及格都是在中等以下的，假如他们这门功课是下等或

① 参见潘懋元、刘海峰编：《中国近代教育史资料汇编·高等教育》，上海教育出版社 2007 年版，第 769 页。

② 傻洒：《天津南开大学学生生活》，《青年月刊》1937 年第 4 期，第 55 页。

及格，而那门功课是超等或上等，平均起来，还不要紧。但是数年之内，没有得过超等或上等，多数的功课都是中等，而有两三门是及格，或者五六门是下等，于毕业上也就要发生问题了”[①]。可见根据规定，中等以下等级的学生最少也要占20%，学生的考试压力可见一斑。复旦大学亦是如此，根据复旦大学1920年颁布的《复旦大学章程》规定，采取等级计分法，即将学生的成绩分为A、B、C、D、E、F六等，其中D及格，E补考，F重读；同时教务处还规定，“一二年英文为必修课程，凡选该课者须上读本班三小时，英作文班二小时，此外尚有课外报告，而只给三学分，上学期成绩一年级不及格者占四分之一，二年级占三分之一”[②]。

交通大学将学生成绩分为甲、乙、丙、丁、戊、己六等，甲等为90—100分，乙等为80—89分，丙等为70—79分，丁等为60—69分，戊等为40—59分，己等为40分以下。学业成绩为戊等可以允许补考，补考最高成绩为60分，己等不能补考，必须重修，重修考试成绩不合格者即令退学。[③]学校老师考试时也要求严格，据交通大学校友回忆，“老交大有三分之一不及格的说法，虽无明文规定，确有一些教授、讲师这样办，即一个班级的学生，不论其考试成绩如何，教师应按三分之一不及格批卷，因之教师总是出偏题、难题，掌握三分之一不及格的主动权……航空工程系一年级一学生因未挣脱三分之一的圈套而留级，发誓不再读交大，招考中央大学航空工程系。入中大一月后，又回到交大继续攻读，他说还是交大顺眼。另一学生原是安徽省高中毕业会考优秀生，在交大一年级即因三分之一不及格的限额，

---

① 吴景超：《清华学校学生生活》，《学生》1922年第7期，第33页。

② 《校闻：大学部：二年英作文举行半学期考试》，《复旦同学会会刊》1935年第4期，第15页。

③ 参见《交通大学校史》编写组：《交通大学校史（1896—1949）》，上海教育出版社1986年版，第164页。

被勒令退学，他一怒之下，决心不读大学，参加工作”①。

燕京大学还施行新生入学试读制度，招入的新生试读一年后要进行考试，合格者方能继续留校就读。同时，燕京大学还将学生的成绩分为不同的等级，根据1934年制订的规则，学生的学业成绩分为0—10分的10分制的11个层级，学生成绩要达到3分或者3分以上才能获得学分，平均成绩在5分以上才算及格，若平均成绩不到4.2分或者连续两年平均成绩不到5分者，必须退学。②0—10分相对应的学习状况评价分别为成绩低劣毫无可取、微有成绩但不及格、成绩质量方面可疑应予复试或补足、本课及格仅予学分、成绩平庸不与准其毕业、成绩较平均水平略低、成绩较平均成绩略高、成绩良好、成绩甚佳、成绩优异和成绩卓越③，可见燕京大学对学生考试成绩的评价更为细致具体。当时燕京大学的多数教授对于考试不肯通融；有的学生根本就不敢向他请求通融。④此外，如武汉大学对考试要求也非常严格，“当局办事非常认真，考起来是一概不予通融，三门不及格，要留级，留级只能一次，到第二次就着即开除，对于最出风头的运动员，如果不及格，也是照章办理”⑤。

综上所述，当时学校普遍将学生考试成绩分为不同等级，并且不少学校规定各等级所占人数比例的做法，每年必然有学生成绩不及格，而不

---

① 申士标：《记忆里的浪花》，载黄昌勇、陈华新编《老交大的故事——老大学故事丛书》，江苏文艺出版社1998年版，第218—219页。

② 参见靳培培：《燕京大学学生学业评价的特点及其启示》，《教育与考试》2017年第4期，第45页。

③ 同上书，第46页。

④ 濠人：《“世外桃源”的学生生活的片段》（续），《十日谈》1934年第41期，第243页。

⑤ 昂觉民：《武大学生生活的各方面》，《新社会》1934年第9期。

及格者一般面临留级或开除的处理，使当时不少学生都面临沉重的学习压力。例如，在交通大学，多数学生考试的目标是60分，不留级，不退学，似乎如此“就足以自慰并可告慰家庭了。如果问一个学生考了多少分，他若回答：‘我赢了，他输了。’就知道他及格了。所谓他输了，是指教师而言”[①]。

由于当时各个大学对学生的考试要求严格，因此，不少学校的考试不合格率和淘汰率很高。例如，朝阳大学是民国时期一所以法科专业著称的著名的私立大学，其对学生的考试要求极为严格，据该校毕业生回忆，“各系读共同必修课，如中外历史、外语、国文、哲学、论理、伦理等，各计学分，考试相当严格；成绩优良，列在一、二名的，下期免减学费，以示奖励；学力拙劣，几科不及格的，要遭淘汰。新生入学每班总有50人左右，毕业时往往不过30名左右”[②]。再以北京大学为例，据统计1926年北京大学物理系本科共有123人参加考试，考试合格者共101人，及格率为82%，其中只有17人在80分以上，占总人数的14%；同时这一年北京大学全校298名毕业生中，未毕业者就有61人，毕业率仅为79.5%。[③]从南开大学1924年秋季考试成绩来看，全校404人考试，全及格者仅有237人，考试及格率仅为58.7%，其中成绩低劣被警告者13人，成绩低劣被斥退者7人，警告及半年课业补考者2人，半年课业得丁等补考者14人[④]，考试之淘汰率可见一斑。

---

① 申士标：《记忆里的浪花》，载黄昌勇、陈华新编《老交大的故事——老大学故事丛书》，江苏文艺出版社1998年版，第218—219页。

② 薛君度、熊先觉、徐葵主编：《法学摇篮：朝阳大学（增订版）》，东方出版社2001年版，第103页。

③ 参见谢青、汤德用主编：《中国考试制度史》，黄山书社1995年版，第535页。

④《南开周刊》第84期，载王文俊、梁吉生《南开大学校史资料选：1919—1949》，南开大学出版社1989年版。

虽然各个学校都对考试要求颇严，但也并不是任何学生都能参加考试，不少学校将学生能否参加考试与课堂出席率挂钩，经常旷课者不得参加考试。如东北大学文法学院规定，“学生缺席逾授课时间的三分之一者不得与该学期试验，应令留级”①。北京大学规定，“学生平时缺席五分之一以上者扣其该科成绩百分之五，至四分之一以上者扣百分之十，至三分之一以上者不得参与学期考试”②。厦门大学为进一步严格考试资格，在1935年决定将取消考试资格的缺席时数，由1/3改为1/4，缺席学期授时课数1/4以上者，不得参与学期考试。③光华大学的要求则更为严格，规定缺席授课时数1/5者，即不能参加学校的期末考试。同时，作为考试不及格的学生，也并不是随便都能进行补考，不少学校都设立有补考门槛。例如，广西大学规定学生成绩40分以上才能进行补考，而厦门大学则规定必须在50分以上，50分以下则需要重修。其中光华大学对补考设立的门槛最高，根据1926年的《光华大学章程》，考试成绩需达到70分方能及格，其中50—69分者可以补考1次，而49分以下者不能参加补考，必须重新选修课程。④

各个高校除将考试与学生的留级、开除等淘汰相挂钩外，不少学校还建立奖惩制度，以此激励学生。在奖励方面主要是设立各种奖学金，在惩罚措施方面主要有张榜公示等。例如，南开大学对考试成绩优异的学生用奖学金进行奖励，获得奖学金者可以免缴学费一年；同时还有特种、算学、梁氏、

---

① 《东北大学文法学院平时试验暂行规则》，《东北大学周刊》1929年第74期，第46页。

② 王学珍：《国立北京大学学则》，载王学珍、郭建荣主编《北京大学史料》（第2卷），北京大学出版社2000年版，第931页。

③ 参见党亭军：《“注重平时”与“从严治考”——民国时期大学学业考试管理制度研究》，《江苏高教》2013年第1期，第90页。

④ 同上。

觉顿、范孙、三六等奖学金，多者每年四百，少者也可以抵学费或住宿费的数目，这些奖学金都是成绩优良者获得。[①]华西协和大学每年特设奖励鼓励学子，奖励分入学奖励、学年奖励、特别奖励。预科考后第一名者，奖三年之学费；预科于学年试验考得第一名者，以次年学费全奖之，第二名者以次年学费半奖之。正科学生于第一、二年在本科考得第一名者，亦奖励次年学费。[②]广西大学在每一学期期末，在校刊上公布本学期成绩优异，获得甲、乙、丙三种奖励的学生姓名，其对应的奖励分别是免学费、住宿费，免学费以及奖状。同时对于成绩不及格需要退学、留级和试读的学生也进行公示。[③]中国学院同样也将各班补考后需要留级的学生姓名及具体原因公布于《中大周刊》[④]，以给学生造成压力。交通大学“每学期或学年考试之后，要把各班学生的成绩按名次张榜公布，按名次排列，不及格的课程还要标以红字，特别醒目。公布名次之外，还要把成绩单寄给家长”，同时对于临时考试成绩，交通大学也张榜公布。[⑤]这些奖励措施对于激励学生刻苦学习起到积极作用，而将补考、留级以及退学名单张榜公布乃至将成绩单邮寄给家长的做法，无疑给成绩欠佳的学生造成精神压力。

---

① 参见傻洒:《天津南开大学学生》,《青年月刊》1937 年第 4 期，第 55 页。

② 《中华基督教会年鉴》1918 年第 5 期。转引自杨学为等主编《中国考试制度史资料选编》，黄山书社 1992 年版，第 584—585 页。

③ 参见《本学期退学留级试读学生姓名表》,《广西大学周刊》1932 年第 1 期，第 13 页。

④ 参见《本院揭示第三十号》,《中大周刊》1935 年第 78 期，第 1 页。

⑤ 参见《交通大学校史》，载杨学为等主编《中国考试制度史资料选编》，黄山书社 1992 年版，第 577 页。

二、灵活多样的考试形式

民国时期大学生学校考试可以分为不同的类型，有入学考试、月考、期中考试、期末考试、毕业考试等，在考试形式方面，注重平时成绩与期末成绩的相结合。根据教育部的规定学生的成绩由考试成绩和积分成绩组成，所谓考试成绩即学期末的考试成绩，积分成绩即学生的平时成绩，这体现了当时在大学教育中注重学生学习过程管理的趋向。

交通大学非常注重学生的平时成绩，要求“各教授按照学生的平时成绩酌记分数，并依情形之需要，举行临时考试。所有分数，归入积分成绩内计算，凡有一科目其积分平均成绩虽在 95 分以上，亦应参与该学科学期考试，不得请求免考。凡各科积分平均成绩不足 40 分的，取消学期考试，并不能补考，必须补习。补习一次后考试并以一次为限，不及格者，即令退学”，同时还规定积分成绩在学期和学年的总成绩中占 60%。[①] 复旦大学于 1920 年制订的《复旦大学章程》规定，“大考分数与平日积分，各得总分之半”[②]。东北大学文法学院则规定学生日常考试成绩、平时试验成绩以及期末考试成绩分别占总分数的 25%、25% 及 50%。而光华大学则积分成绩占到总成绩的 60%，大考只占总成绩的 40%，同时还特别设立“积分”制度，即以日常课堂点名为基础的平日积分和两次月考成绩来计算平时成绩，其中平日积分在权重上和两次月考成绩一样。[③] 从上文可以看出各个学校普遍都重视平时成

---

① 《考核成绩规则》，载《交通部南洋大学规章》，1925 年。

② 王杰、祝士明编著：《学府典章：中国近代高等教育初创之研究》，天津大学出版社 2010 年版，第 331 页。

③ 参见党亭军：《“注重平时”与“从严治考”——民国时期大学学业考试管理制度研究》，《江苏高教》2013 年第 1 期，第 89 页。

绩，平时成绩所占比例都比较高，这种对平时成绩的严格要求有利于督促学生加强日常学习。

在注重平时成绩的思路下，民国时期大学考试非常频繁，且考试形式也灵活多样，既有入学考试、毕业考试、期中考试、期末考试、周考、月考等考试类型，也有笔试、口试、实践测试等多种考试方式。比如，南开大学对于考试，“向来是很殷勉的，什么小考，星期考，月考，学期考。不一而足；所考的内容，包括课本，笔记，实验、参考书，也是不一而足”①。同济大学的医学院则无所谓学期考试，“都是一科一总，工理两学院则每学期清算一次，考试起来，硬碰硬，大部分的功课要口试，老师、学生，面对面，他问一句，你答一句，中学里作弊出身的朋友，至此毫无生路。德文补习科考试更凶，先经过中国教授的笔试，然后再去德国教授那边口试，双料及格，才准许你升入大学部，不然，滚你的蛋，拿了铺盖打回老乡，学校是不收留留级生的”②。清华大学的考试形式也比较多样化，“当时的考试，名目繁多。一为口试，几乎天天举行。许多教员一上课便提问，检查学生是否预习了功课。二为十分钟笔试，不定期举行。在一课之初，或一课将毕的时候，教员便出其不意地发下纸张，出个题目，限学生在十分钟内交卷。三为月考，四为期考，例在必行”③。

北京大学在学生考试方面也不拘泥于试卷笔试，而是注重学生实际能力的考察。比如，当时十分提倡实践教学方法，注重多样化的考试，“工科学

---

① 傻洒：《天津南开大学学生》，《青年月刊》1937年第4期，第55页。

② 王黎：《同济大学学生生活》，《青年月刊》1937年第6期，第28页。

③《清华大学校史稿》，载杨学为等主编《中国考试制度史资料选编》，黄山书社1992年版，第169—173页。

生由教员带赴各处工厂、矿山、铁道，分门实习”[1]，校友回忆李四光在北京大学任教时学业考察的方式时说：“发给每个学生六七块编有号码的岩石标本，要求我们写答每块石头的名称、矿物成分、生成条件和矿产的关系，等等”[2]。此外，还规定在学科试验时，“除笔试外，得兼用口试或长篇论文之方式”。圣约翰大学的考试形式也不拘一格，如医学院的海彭教授，其授课从来不用讲稿，全凭记忆，考试时全部口试。被考的学生坐在她对面，其他学生可以坐在旁边听。当她提出考题时如能顺利地回答前一部分，她立即叫停，并转向第二个考题，问过两个考题后即评分。[3]

燕京大学除每学期都有期末考试外，多数学科还夹杂着好些小考试，这主要包括短期小考、课前临时测验、书面报告、小作业、口头问答等。燕京大学校友梁植权回忆说：“在燕大读书时，功课是很紧的，差不多每星期都有一门主课的小考。”[4]校友阎隆飞回忆说：“为了巩固学生的学习效果，他（张子高）第二次上课总要用几分钟进行一次小考，发给每人一张小纸条，出一个问题叫学生笔答，这样使学生对上次讲的内容印象更深刻。”[5]胡亚美对张子高老师的课程小测试印象深刻，她曾回忆说：“尤其不能忘记化学老师张子高先生，他每次讲课前都先进行10分钟的测验，以促进学生的自学

① 萧超然等编著：《北京大学校史（一八九八—一九四九）》（增订本），北京大学出版社1988年版，第46页。

② 许杰：《回忆我的老师李四光同志和他的科学活动》，载李四光研究会筹备组地质学会地质力学专业委员会编《李四光纪念文集》，地质出版社1981年版，第1页。

③ 参见徐以骅主编：《上海圣约翰大学（1879—1952）》，上海人民出版社2009年版，第132页。

④ 转引自燕京研究院编：《燕京大学人物志》（第1辑），北京大学出版社2001年版，第51页。

⑤ 同上书，第91页。

能力，那一张张测验用的小纸片无不凝结着老师的心血。”[①]这种课堂小测试对于巩固学生所学知识有着良好的效果，曾有校友回忆说：“课堂上经常举行 Quiz（小测验）。上课后，发给每人一张白纸，在黑板上出几道测验题，让学生在 10 分钟后交卷，然后打分给学生。这种做法很好，我在以后教学中也经常学习这种方法来了解检查学生学习情况，效果是好的。”[②]

虽然当时考试形式灵活多样，但最主要的还是设立考场，进行笔试。当时对考场的管理也比较严格，如中国大学制订的《中国大学试验规则》规定：“受验学生应于试前入考场，出题后迟到者不得进入；试卷及起草纸不得携带片纸入考场；考场内之座次编号，不得乱坐，违者退出；在试验时间内，受验学生应将学生证或听讲券置案头；夹带图书抄件者，除退出外，并取消本届全部分数；如果在交卷前未得监试员许可私自出考场或扰乱考场的秩序和其他舞弊行为的考生，取消考试成绩；如果在出题后交谈、出题后无故离席和其他不规则行为的，酌减分数；必须按照时间交卷，超越期限不阅卷；交卷后，立即出考场。”[③]由此可见，这些规则流程与 100 多年后的今天的大学考试考场管理办法基本相同。为了防止作弊，各个学校还制订了严厉的惩罚措施，如交通大学规定：“考试舞弊重者记大过或令其退学，轻者记过扣分，均一律不得补考，应令补习。”[④]光华大学的规定则更为严格，“学生考试时，作弊者一经查出，即行开除。”其他学校对考试舞弊的处理也十分严格，诸如此类的规定，不一而足。

---

① 转引自燕京研究院：《燕京大学人物志》（第 1 辑），北京大学出版社 2001 年版，第 219 页。

② 同上书，第 86 页。

③ 参见《中国大学试验规则》，中国第二历史档案馆藏，全宗号一〇五七，案卷号 482。

④ 杨学为等主编：《中国考试制度史资料选编》，黄山书社 1992 年版，第 578 页。

当时部分学校还实行“考试荣誉制”，即考试时不设立专门的监考人员，由学生以自己的名誉担保绝不存在作弊行为。考试荣誉制最早在圣约翰大学实施，其目的是着眼于培养学生自尊、自爱、自控、自律的良好品质。考试荣誉制最先在大四年级初试，次年推及大三年级，这两次实验成功后，才逐步向全校推广。据圣约翰大学校友周有光回忆：“进入二年级，学校通知学生讨论‘荣誉制度’（honor system），这是考试无人监考的信任制度，目的是培养人格，培养道德，培养青年自己站起来做人。‘荣誉制度’以课程为单位，如果同班，同课程，同学大家同意，就可以申请实行。我们经过多次讨论之后，提出了申请，同学自己去取题，老师不来监考，的确无人作弊。”[①] 该制度后来曾在金陵大学、岭南学院、广西大学、广州大学等学校施行，但由于学生自治能力较差、缺乏实行的文化氛围等因素，考试荣誉制无疾而终。虽然荣誉考试制度最终宣告失败，但却展现出当时的大学在考试制度改革方面的锐意进取和创新，即便对于当今大学生的诚信教育和人格培养也不无启迪意义。

三、学生考试时的生活状态

频繁的考试、严格的考试要求以及明确的淘汰机制和奖惩措施，使民国时期的大学生面对考试时压力巨大，对考试多表“痛恨”。“学校的考试制度，我可说每个学生痛恨的。到考试的时候，总是提心吊胆的，放学后也不敢尽兴地玩，抱着书闷读，否则就得有留级的危险。‘留级’这个词，在每个学生的心里，多么可怕，像魔鬼般的可怕。所有的同学为了留级，便

① 徐以骅：《上海圣约翰大学（1879—1952）》，上海人民出版社 2009 年版，第219—220 页。

颓伤了他一生的志气，也有牺牲了他的生命，所以每一个学生诅咒着。我真不懂学校里为什么有留级的制度，使学生们时时恐怖着”[①]。甚至有的学生将考试等同于鬼门关，“大考！大考是何等的阴森可怕！它是每个学生的鬼门关。据说鲤鱼修道有成的时候是需要跳龙门的，侥幸跳过，那么它可以变成嘘气成云的神龙。否则便粉身碎骨在万丈的深渊里！大考又何尝不是如此呢。每一尾跳过龙门的鲤鱼，当想起跳龙门时的险状，恐怕心头都不免有余悸吧”[②]。季羡林在《清华园日记》里也抱怨考试说：“妈的，这些混蛋教授，没做什么有意义的事！不但不知道自己泄气，还整天考，不是你考，就是我考，考他娘的什么东西？”“过午考试，没怎样看书，头就痛起来，考题非常讨厌，苦坐两小时，而答得仍很少，又不满意，管他娘，反正考完了。”[③]可见，当时考试是受一般同学憎恨和不满的。

因学生普遍对考试比较害怕，所以考试期间的生活远较平时紧张，又是躁闷，又是兴奋，无论是怎样达观的同学，也不能抵抗这种空气的侵袭，一般同学对学校的考试，特别努力，特别恐慌。对于考试期间学生日常生活的转变，曾有这样一段生动的描写。在平时，学生“常常是三五成群地跑到街上去走走，或许坐在公园里的茶馆，买两百钱一份的报纸看，自然看报也是学生难事之一，他们只看看奇异的新闻，谈天吹牛，有些学生爱到乡下散步，游什么古庙凉亭之类……但是遇到考试，这样的情形就变了。他们在学习，茅厕里头都有人看书，甚至于熬通天夜，有人弄得吐血，他还不惜牺牲地干下去”[④]。

① 耀忠：《学生生活的烦恼》，《新人周刊》1936年第20期，第15页。

② 宝华：《万航十苦》，《约翰年刊》1927年，第18—20页。

③ 转引自史红华：《中国现当代文学名家名作品读》，东北大学出版社2022年版，第86页。

④ 狂循：《重庆学生生活剪影》，《中国学生》1935年第3期，第16页。

在考试期间学生普遍都抓紧时间学习，近乎疯狂地恶补功课。“学生为着怕留级的光临，不得不加紧工作。早上刚亮，就起来读，晚上不到半夜不息，睡眠不足，为了避免留级而想多读，结果反因多读成病以致留级。在一般灵活一点的同学，往往因此养成作弊的习惯，这些是谁的罪过呀！”[①]燕京大学的日常课外活动非常丰富，但每到将要举行考试的时候，学生的生活就大大地转变了。这时候，“散步的人数锐形减少，各处也很少听见乐声和歌声，球场的人骤形冷落。只有图书馆每晚都座位满；晚上慢去的，就找不到座位。他们把一切娱乐事项暂时停止，拼命地温习功课。十点钟到了，图书馆关了门；回到宿舍里来，还是继续温习功课。一直到了十一点钟，电灯熄了，再点上蜡烛来看书。他们是早预备好了蜡烛的。在将考试的时候，学校里和东门外的商店，自然会办了大批的蜡烛，来卖给学生们。他们有好几天在预备考试，蜡烛便有好几天的用途；这几天的蜡烛是很畅销的”[②]。燕京大学校友王佩玉曾回忆说：“入学不久，我就听说：第一学期期中考试不及格的，就得‘挨刷’，思想压力很大。期中考试后，确实有些新同学不见了！‘淘汰制’何止是针对新生啊！无论新老同学，都是课堂上全神听课、答问、记笔记，课下忙于预习、复习。图书馆里，阅览参考资料者白天多，晚上更多。宿舍里，尽管准时熄灯，而坚持继续学习‘开夜车’者不少！”[③]

据清华大学的学生回忆，在清华大学考试也“要算真了不得的一件事情”，“严格的情形，逼得同学真是寝不安席，食不甘味，就在平常时候，也没有连接两小时的工夫去闹玩的。每周有小考，每月有月考，还有理工学

① 耀忠：《学生生活的烦恼》，《新人周刊》1936年第20期，第15页。

② 濠人：《“世外桃源”的学生生活的片段》（续），《十日谈》1934年第41期，第243页。

③ 王佩玉：《燕京·光采》，载《燕大文史资料》（第3辑），北京大学出版社1990年版，第392页。

院的学生，把上课剩余之时间，都花在实验、实习、绘图、报告等方面，文法学院的学生，虽不曾做实验、实习、绘图的工作，可是每月每门功课数千字的报告，逼得也真要命”[①]。武汉大学考试严格在学生中是有口皆碑的，在考试之前学校会停课三天，但许多功课直到停课前一两天才结束，几百页的课本和笔记，上课的教授们并不说明什么部分比较重要，学生也不敢要求指示何者是他们应该注意的范围，因此每到考试来临，大家“加油”“开夜车”，造成了严重的读书竞争，“于是白天闭门谢客者有之，入夜悬梁刺股者有之，甚至减食者有之，失眠者亦有之”[②]，“平常的临时考试，理工学院比较文法学院来得多，一到‘大考’，文法科学生却比理工科学生忙得厉害，图书馆里挤得很，非预定，临时绝找不到座位，大家拼命读课本，背讲义。考时各班学生混合集于大教室内举行，全体教授及相关职员总动员监考，丝毫不能作假，不许发问，试场内只有沙沙的笔动声作响”[③]。

在南洋大学，“大考期间，一切都得暂停，除了读书！运动场上静悄悄的完全是乌鸦与麻雀的天下。灰色的长椅上或许会发现一二个人，但是他们绝不是像平日那样的在那里谈笑，头低低的，手上都有一本书！理发、沐浴，都不是大考期间所容许的。大考将完的几天，至少一大半人都是囚面垢身，两眼红红的毫无精神……直到十八号样样考完，方始把半月来这一口抑郁在胸头的无穷之气叹了出来！考而不死是为神”[④]。南开大学每到考试的时候“就是想偷懒的学生，实在没有方法，上班讲书的时候，真是座下鸦雀无

① 王正海：《清华大学学生生活剪影》，《新青海》1936年第4期，第36—42页。

② 陈棣华：《武汉大学学生生活速写》，《青年月刊》1936年第3期，第60页。

③ 季荃：《武汉大学的学生生活》，《青年动力》1937年第3期，第140页。

④ 柯荣炎：《大考素描》，载黄昌勇、陈华新编《老交大的故事——老大学故事丛书》，江苏文艺出版社1998年版，第407页。

声，手不停，耳不乱，眼不斜端端正正地各干各的”[①]。

相较于众多忙忙碌碌投身于应付考试的学生，也有部分成绩优秀的潇洒派，他们非但考前不拼命学习，甚至还敢考试前不看书。例如，交通大学高才生钱钟韩功夫都用在平时，在学校规定的考前休息的那一天，不仅不开夜车或晚车，甚至还上街补看平时未来得及看的电影，然而其在校 8 个学期的平均成绩为 98 分，堪称前无古人。[②]据《约翰年刊》记载，圣约翰大学某位学子酷爱读书，称“书是我念的，为什么要由别人来考我？我念书，不是书念我，我念不念，懂不懂，以及记得不记得，除了我，谁要管？”“即使明天有月考，我今天会在外面玩上十小时”[③]。然而毕竟这样的学生是少数，绝大部分学生面对考试时是紧张而忙碌的。

在考试那天，学生心情一般是沉重的，乃至于观察日常事物时都会有微妙的变化。“南洋的大考是在大礼堂举行的，所以对于大礼堂的观念，也极有变动。平常闹风潮开大会的时候，觉得它有趣；而每年和圣约翰赛球前一晚开预胜大会的时候，更觉得它充满了快活的空气，非常愿意进去。一到了大考的时候就不然了，金黄木漆的门窗看去好像是黑铁的；红的地板，白的墙壁，也同时好像变作灰色；只觉得大礼堂里阴风惨惨，布满了黯淡的空气。我可以发誓，实在不愿进去。不过为着要升班，看着那一张光彩夺目的文凭的面子，不得不硬着头皮，长叹一声，一步分作两步慢慢地走将进去。”[④]至于考场上的氛围，也是格外紧张。曾有学生描述说：“考场，气象是何等的森严。同级的同学交叉着离得很远。桌子上放的是考卷和考试规

---

① 迈罘：《南大学生生活概观》，《南开大学周刊》1928 年第 51 期，第 4 页。

② 参见刘良湛：《文杰钱钟韩》，载黄昌勇、陈华新编《老交大的故事——老大学故事丛书》，江苏文艺出版社 1998 年版，第 253—255 页。

③ 马寻地：《午夜走笔》，《约翰年刊》，1940 年，第 225—226 页。

④ 修安：《大学部中学部学生生活》，《南洋大学学生生活》，1923 年，第 1920 页。

则，告诉你考场上应守的秩序和禁例。初次上场的新鲜人，都变成神经质了。除主试的教授外，本科的助教、先生、注册处和训育处的职员、先生全体动员。你要走私？趁早别想！谁见过交大的学生大考时作弊？除非下学期不想再来！这里只有充实的准备可以换到好分数！”① 圣约翰大学也有学生描述说：“考试前十分钟，聚集所门前挤得一个水泄不通。九点钟一响，各课的教员都徐徐而来。这些学生此时的‘小鹿撞撞’与那些教员的摇摇摆摆的步法是成一个反比例……最初的十分钟里发问声、微叹声、削笔声相继地发出，问的人大概总想向教员口中探一点引线作吹牛的预备，无奈教员这时的口绝不像在课堂里那样滔滔不绝，真是一点风也不出来。如是，问的人只好微叹叹地怪昨晚没有留心，将这题中的一点省去了。假若将这几题的答案读一个烂熟，那岂不是一个稳稳的A吗？唉！痴想，没有用，还是振起精神来，将铅笔来削（其实早已削得很尖了）——预备胡吹一顿，白卷子是交不得的。考完之后，不得意的固然是垂头丧气若‘丧家之犬’，就是那十题有九题半对的——或是全对的——也还有叹息之声，表示他的不满意。”②

民国时期各大学对考试的严格要求，在一定程度上保障了学校的教学质量，不少学校的办学成绩得到社会和国外大学的认可。例如，以司法专业著称的朝阳大学对学生考试要求严格，其毕业生每逢司法官考试，录取率均居全国各校之冠，并且因办学认真、成绩卓著受国民政府教育部、司法部的明令褒奖达10余次之多。③ 复旦大学自创校伊始就实行严格的考试制度，毕业学生以优异成绩享誉海内外，“在国外留学的，成绩都很好，因此许多美国

---

① 柯荣炎：《大考素描》，载黄昌勇、陈华新编《老交大的故事——老大学故事丛书》，江苏文艺出版社1998年版，第407页。

② 颜敦建：《圣约翰学生生活的面面观》，《约翰年刊》1925年，第18—21页。

③ 参见袁礼、袁卫、易鹏兴：《民国时期复旦大学学业考试制度的演变与特征探析》，《考试研究》2018年第4期，第107页。

大学对复旦的学分一律予以承认。20 世纪 30 年代，英国曼彻斯特、利物浦等 5 所大学，以复旦学生成绩甚佳，准予优待免试入学”[①]。燕京大学的办学成绩也堪称优良，据协和医院的统计，燕京大学的毕业生自 1927 年到 1932 年这 6 年间，在“协和毕业的医学博士者已有 66 人，现在肄业中者尚有 68 人。在最近毕业的四班中，五年课程平均成绩最高获得温氏奖金者，都是燕大生。在过去 8 年中，协和共得过 67 个荣誉奖金，燕大生占了 46 个。除医预科外，燕大的生物、化学、物理等系，其标准都较之美国一流大学无甚逊色。燕大每季总有 10 余个外国学生，他们多半在燕大念一二年后即回美国续读（因为他们愿得本国大学的学位）。笔者有一位同班同学在燕大读了二年，回美后入了康撒司大学（即康萨斯大学——笔者注），他写信来说：‘我们几个人回美后，都找不到满意的学校，像亲爱的燕京那样。教授和环境都不像理想中那样好，而求学的空气也不如在燕京浓厚。’”[②] 可见当时这些学校学生的素质是相当不错的，而这与学校良好的教学质量、严格的考试要求是分不开的。

四、高校学生掀起的废除考试运动

严格的考试要求虽然有利于保证学校的教学质量、培养优秀的人才以及提升学校的声誉，但频繁的考试、沉重的考试压力却使学生苦不堪言，这也是 20 世纪 20 年代喧闹一时的废除考试运动兴起的重要诱因。废除考试运动兴起于 1919 年五四运动前后，它的兴起一方面与当时各种思潮的传播，社

---

① 吴汉民主编，蒋澄澜、周骏羽、陶人观等副主编：《20 世纪上海文史资料文库：教育科技》，上海书店出版社 1999 年版，第 36 页。

② 谭邦杰：《我所认识的燕大学生生活》，《现代青年》1937 年第 1 期，第 25 页。

会掀起个性解放的潮流密切相关；另一方面则与当时学生考试压力沉重密切相关。当时就有学生感慨说：“升学的有初试、复试、面试、口试、甄别试等；升级的有日考、月考、期考、年考等。我们活泼的心思，绝大的志愿，入学以后，就朝朝夕夕地为考试忙个不停，全没有点机会活动我们的脑子和身体，应用我们的心思和学问，实现我们的志愿和期望。日复一日，年复一年，脑子也变钝了，心思也变笨了，志愿也灰了。故这种学校的考试，就是缓性的、变相的‘科举’啦！”[①] 可见学校频繁、严格的考试对学生造成的心理压力，正是在对大学考试的这种认知下，当时掀起了废除考试运动。

最先抨击现行考试制度的是北京高等师范学校的学生。1919 年 9 月该校三年级学生熊梦飞在校刊上发表《学校考试制度及规则制之改造》，认为考试制度有习伪学、奖空谈、移塞思想、戕贼天才以及给学生造成弓腰龟背、面黄肌瘦、丧失道德等影响的弊病。[②] 然而废考运动的中心还是北京大学，北京大学自 1919 年成为五四运动的主要发源地后，其一举一动对全国舆论颇具影响。当时北京大学校长蔡元培将颜宝良写给他的关于废除考试运动的长信——《我们对于“废止现在学校考试制度”的意见》连载于《北京大学日刊》，并请全校师生就此展开讨论，发表意见，引起极大的轰动。当时废除考试运动声势浩大，在全国引起广泛的讨论。有不少学校认为“现在各处提倡废止试验的运动已经很多了，此地（北京女子高等师范学校）亦正在考虑之中。将来如要适应教育趋势，那么废除这种繁重机械的试验而代以

① 颜宝良：《我们对于废止现在学校考试制度的意见》，《北京大学日刊》1920 年 1 月 23 日，第 3 版。

② 熊梦飞：《学校考试制度及规则制之改造》，《北京高等师范学校周刊》1919 年，第 61—71 期，转引自张妍《五四时期“废考运动”研究》，《教育与考试》2019 年第 4 期。

合理适当的考查法，也是意中事”[①]。甚至有些激进的同学在《北京大学日刊》撰文称：“考试是奴隶教育的代表，考试是束缚精神的魔王，我们讲德谟克拉西，就不当有考试；我们讲精神独立，就不当有考试。”[②]

关于考试制度的弊端当时有不少学生在各种报刊上发表连篇累牍的文章进行抨击，《北京大学学生周刊》刊登的一篇文章比较有代表性，其认为：“1.考试时候所施行的评分办法，不足为测定教育效果的标准；因为（a）教员评定的分数，没有一定的标准；（b）评定分数的方针，不能够一贯；（d）评定分数的方法，不能够一致。评分法既然靠不住，那么考试还有什么意思，不过使学生白费些光阴，空耗些精神罢了。2.试验所得的成绩，是学生一时记忆，极容易忘却。3.试验所得的成绩是机械的，是限于书本子的，不能应用于实际生活。4.学生因为考试的缘故，不得不互相竞争。要竞争，就不得不劳精神，废寝忘食地去用功。因此，身体精神两方面都大大地受了损害。5.学生想考试的成绩优美，而能力又不足，因而产生侥幸心理，什么夹带、偷看……的作为都出来了。6.有许多学生，因为成绩的优异，就看不起同学，种种骄傲、辱慢、妒忌、虚伪……的恶德都发生了。7.有许多学生，因为考试失败，就发生种种不平，失望的念头，心地褊狭的，甚至于自杀。8.学生因为考试的缘故，就以考试为求学的目的，专在考试上做功夫失却求学的本意。”[③]概言之，考试有阻碍教育发展、危害学生身心健康、无法选拔真正的人才等弊端。

虽然当时主张废除考试的声音很大，但是要将长期施行的考试制度废除，在当时无疑是破天荒的事情，因此学校当局对此多表反对，如北京大学

---

① 陈元晖：《师范教育》，上海教育出版社2007年版，第1065页。

② 幼三：《平民夜校不宜考试》，《北京大学学生周刊》1920年第10期，第11页。

③ 《废止学校的考试制度》，《北京大学学生周刊》1920年第4期，第1页。

代理教务长蒋梦麟称："在职一日，必大行考试。"[①] 对于学生主张废除考试的心态，蔡元培称："你们主张补考不考，此骗小孩也，偏不信。"在其看来学生主张废除考试的理由很简单，就是害怕考不过，逃避考试。[②] 任鸿隽和陈衡哲总结称："既是为文凭学位而学问，那么，在比读书较易而仍可得文凭之道，他们当然何乐而不为？于是乎风潮之后，毕业的便可无试验而毕业，升级的便可无试验而升级了。"[③] 杨天宏教授也曾指出，包括"'五四'之后北大学生发起的'废止学期考试运动'在内，应与学生面临考试难关谋求豁免有关"[④]。

为应对学生废除考试的主张，北京大学多次召开有教师和学生代表参加的联席会议。最后蔡元培在会议上说："首诉考试之弊害，谓你们所主张的自然也有道理，即我们教务会亦曾会议过多次，所谓因考试而损失人格一层，我亦承认。不过本届即欲废止考试则殊不可。北京大学目标太大，几为全国学子所注视，若我们本学年即实行废考，必为全国学生为废考之要求。公立学校如此，私利更不待言，专门以上如此，中学以下亦可援例。试问此等景象是不是全国学校濒于破坏之境，而说起罪魁必集矢于北京大学。你们能不保证有此现象乎？既不能保，则何妨损失个人一部分的人格，应本年考试以保存全国学校。至将来如何改良考试，则于下学期开始尽可从容讨论，以其结果陈于教育部。"[⑤] 由此主张废考最激烈的北京大学的废除考试运动告一段落，其他地方也逐渐偃旗息鼓。

---

① 转引自《学生要求废考》，《益世报》1920 年 5 月 30 日第 4 版。

② 参见《北大废考运动之顿挫》，《申报》1920 年 6 月 8 日第 6 版。

③ 任鸿隽、陈衡哲：《一个改良大学教育的提议》，《现代评论》1925 年第 39 期，第 10—13 页。

④ 杨天宏：《学生亚文化与北洋时期学运》，《历史研究》2011 年第 4 期。

⑤《北大废考运动之顿挫》，《申报》1920 年 6 月 8 日，第 6 版。

虽然废除考试运动最终结束，但对学生的考试生活却不无影响。在废除考试运动的影响下，“有一种不知自爱的学生，平日或一味念懒，一听见‘考试’二字，或瞥见教员要叫他对于学业有所表见的时候，不问他方法怎样，用意怎样，总是不愿意听，不愿意做的蛮抗。在他心里，总以为做教员的人，还要提起过考试两字来讲，真是隔了几世纪的人，不配做现世纪的教员了”。甚至少数人以此为导火索，借题发挥与学校对抗，以致“这几年因为考试闹风潮的好像流行病一样，几乎遍满全国了。现在学校做职教员的人，因要避免青年厌恶考试的心理，连这‘考试’二字也不敢多用了”①。

小　结

近代中国处于新旧交替时代，民国时期大学生的学习生活带有明显的时代痕迹，这表现在很多方面，当时大学生的课程内容呈现中西并举的特征，英语得到广泛的应用和重视；在西方教育思想的影响下，教学方式的灵动多彩；学业考核方式灵活多样，注重对学生的多维评价等，这对于促进近代中国高等教育发展和现代化人才的培养发挥了积极作用。同时，西方新式教育理念和教育方式的传播，也使当时的学生生活呈现出与传统的私塾教育迥然不同的样态，这主要表现在以下几个方面：第一，学习方式多样化。当时大学生不仅仅拘泥于课堂学习，而且注重课外学习，如组织修学旅行、学术社团以及图书馆自习等，学生的学习场域也更加自由，除教室外、宿舍、图书馆、工厂、试验农场等都成为学生学习的场所，这就摆脱了旧式教育局限于

① 陈燮勋：《学生生活劈头几个大问题》，《学生杂志》1922 年第 8 期，第 83 页。

课堂讲学的固定模式。第二，注重学生自主学习能力的培养。现代教育不仅仅注重知识的灌输，更强调人格的塑造，通观民初大学生的学习生活，十分强调学生自主学习和探索能力的培养，注重学生的多样化激发学生学习的内在动力，以此促进学生独立人格之培养。第三，注重理论与实践相结合。当时注重实践教学可以说是不少学校的共同特征，通过实验教学法一方面可以佐证学理，另一方面可以激发学生的学习兴趣，使学生养成发明创造的习惯，是促进现代科技人才培养不可或缺的步骤。第四，民主、自由风气下学生生活的异态。在教育民主化和自由的风气下，大学生日常生活也呈现出一些异态。比如，学生因对教师不满而掀起的择师运动，因对考试不满掀起的废考运动，这都是对传统的师道尊严和教育体制的挑战，显示出自由、民主的社会风气对学生学校生活的影响。

第四章　民国时期大学生的物质生活

衣、食、住、行是人们生活的基本需求，只有在满足这些基本需求后才能谈及人类社会的发展。大学生亦是如此，只有满足基本的饮食、居住、保暖需求后，才可以谈学习、研究以及社会活动等。正如恩格斯所说："人们首先必须吃、喝、住、穿，然后才能从事政治、科学、艺术、宗教等等。"[①]同时大学也是个小社会，大学生日常物质生活也是整个社会生活的缩影，折射出社会历史的发展变迁，因此本章主要从衣饰装扮、膳食情况、住宿情况等方面具体细微地展现大学生的物质生活。[②]

第一节　衣饰装扮

在中国，服饰从来不仅仅具有蔽体和保暖的实用价值，更蕴含政治文

---

① 中共中央马克思恩格斯列宁斯大林著作编译局编：《马克思恩格斯选集》（第3卷），人民出版社1995年版，第776页。

② 在"行"这一方面，因为当时大学生主要居住于校内，短途出行多是步行或黄包车，长途出行则是乘船，或是坐火车，或是汽车等，其日常生活主要还是学校周围，对"行"的需求较少，因此未有涉及。

化意味，“衣服盖以蔽体彰身也，而式制所存，则一国之文野系焉。见其人，审其衣服，而其国政俗教化之高下，固已昭然若揭，无待足践目击而后知”[①]。在中国封建社会通过不同的服饰来体现社会等级，将服饰纳入维护社会礼教的规范体系之中，服制为历代统治者所重视，改朝换代也被称为“改元易服”即服饰政治化的最好表现。自辛亥革命推翻帝制后，社会观念为之一变，服饰也随之发生变化，大学生的服装也逐渐多元化，呈现中西合璧的景象。

大学生作为众所瞩目的社会群体，其言行举止不仅代表个人，更代表着新国民的形象，因此民国建立后多次颁布服制条例规范学生的着装，以谋求学生服制之统一。1912 年 9 月，北洋政府教育部颁布《学校制服规程》，按照规定，男学生的制服与操衣相同，颜色为夏天用白色或灰色，冬天为蓝色或黑色；女大学生着裙子，颜色夏天为蓝色或白色，冬天为蓝色或黑色；大学生制帽由学校自行规定，呈报教育总长批准。[②]北洋政府时期着力统一学生制服，主要是想通过此举达到“养整齐严肃之风于生徒起居，并以杜放荡奢靡之弊”，陶冶学生之精神的目的[③]，将学生服制作为德育的重要载体。

1929 年，国民政府颁布《学生制服规程》，规定男生服饰是：“（一）大学生帽式如附图四之甲，顶为正方形；（二）衣式如图四之乙，衣扣铜质花纹；（三）裤式如附图四之丙；（四）外套式如附图四之丁，扣用双桃，各四个，领用翻领暗扣；（五）帽、衣、裤、外套之质及色均须一律冬黑夏白；（六）鞋用布鞋或皮鞋，鞋之色冬黑或深灰，夏白或黄。”女生服饰是：

---

① 陈嘉庚：《复兴民族与服制》，《东方杂志》1937 年第 1 期，第 29 页。

② 参见《教育部公布学校制服规程令》，《教育杂志》1912 年第 7 期，第 7—8 页。

③ 参见《教育部通咨各省区各校宜厉行制服并将式样汇送本部文》，载孙燕京、张研主编《民国史料丛刊续编 · 文教 · 基础教育》，大象出版社 2012 年版，第 313 页。

愈见整齐”[①]。武汉大学学生的穿着也比较简朴，“一年级的同学因受军事训练，一律着青布制服，高年级的同学则多着自由布的长袍，革履西装的为数极少，且多只备一套，今天穿西装，明日又换长袍了。这种衣食的简朴化，在外人客气些说，是武大同学有俭朴之风，不过在我们自己看来，与其说是‘俭’，毋宁说是‘穷’，恐怕来得更确当点吧”[②]，“如沪上各大学的学生，男必西装，女必高跟鞋的消息，要是传到武大那就成奇闻了”[③]。

有些学校则没有制服，衣服穿着比较丰富，甚至比较洋化。例如，中国公学“校中向来没有相当的校服，但是僻处吴淞一带地方，自来以俭朴成风，所以学校里那时虽没有相当的校服限制他，不致穿到‘五光十色’，还是长衫便褂，如同范叔的黑貂一样。可是现在装束可算是无奇不有，从首至足，那差得太远了。论男女的帽子便帽，绿帽，红帽，小白帽，礼帽……无不是新奇的样式，美奂美轮。论衣服虽中西合璧，但西服居三分之二以上，质料多是毛织，至于棉麻组织实很罕见！这不但男生皆然，而女生也较从前艳丽得多了……至于脚上穿的鞋子，男女们多半穿的皮靴，从三四块钱至十余元不等，往来于骑楼上面，无不声振动地，这有时可以消失同学的寂寞，但有时常使同学觉得讨厌”[④]。清华大学作为比较西化的学校，学生的服饰“大别可分中西两派（也有中西合璧派的，例如穿全身洋服，打好领带，外面却罩上一件大棉袄的。不过这种乃是绝无仅有的办法，只好说他是变态的服装，现在姑置不论）”“每年旧大一的同学们，因为放洋期近，大家都趁早治装，好在有治装费可领，不愁没法对付裁缝来要账。因此，旧大一的同

---

① 束容松：《中大学生生活一瞥》，《江苏教育杂志》1936 年第 8 期，第 84 页。

② 陈棣华：《武汉大学学生生活速写》，《青年月刊》1936 年第 3 期，第 61 页。

③ 昂觉民：《武大学生生活的各方面》，《新社会》1934 年第 9 期，第 263—264 页。

④ 李次民：《中国公学之学生生活》，《中国学生》1929 年第 3 期，第 12 页。

学便成了洋装派的中坚。他们所穿衣服的式样，都是很新的。美国人的势利心向来很大，倘使入他们的国境而服装不入时，往往被他们看轻。我们堂堂华胄，焉能被人看轻，至少为国家颜面计，中国人出洋去，是该穿得漂亮一点……至于中服派，讲不出什么式样和种类。不过有一种重要的趋势，倒还值得注意，即马褂之盛行是也。近年来清华累受外界批评，说是洋味太重，因此处处地方，都在想法避免，校中有一集会，当主席的一定马褂加身，装出一种纯粹中国式的'君子'像。历次大学唱歌团开音乐会和铜乐队到北京去演奏的时候，一律都穿马褂。久经摒弃的马褂，现在总算遭逢际遇，得其所哉"。[1]

由此可见，在受西方文化影响较深的清华，西装比较受到推崇，但又因受外界"洋味"太重的批评而长袍、马褂加身，则显示出民初中西方文化冲突下，服装被赋予民族情绪。例如，杨沫在《青春之歌》里描述的余永泽，虽然经常穿着大褂和"老头鞋"，打扮得老里老气不像个年轻人，"可是他却说这就是爱国。整理国粹和民族就是爱国的具体表现"。[2] 曹聚仁也曾谈到民族运动对其服饰穿着的影响，他说："我之所以穿蓝布衫，倒有点小小的曲折。五四运动以后，凭着一点爱国热忱，决意抵制英国货。我曾咬定牙龈，三个月不坐电车，也不再穿呢绒英国货，这都是年轻时的一股劲。不穿英国呢绒，照说可以代之以国产绸缎；哪知那时的绸货，染料不成，容易褪色；一件长衫，穿了两三天，下水一洗，便走样了，变成了奇形怪样的地图，简直不成；无可奈何，只好走布的路子，乃看中了阴丹士林；这是我穿蓝布衫的开头。其后，大约穿了十多年的蓝布长衫，夏天则代之白夏布。直

---

① 兰弟：《清华生活》，《清华周刊》1927 年第 11 期，第 568 页。

② 杨沫：《青春之歌》，中国青年出版社 2013 年版，第 97 页。

到后来，才知道阴丹士林也是洋货，只好叹息自己国家工业的落后。”[①] 可见当时民族情绪对包括学生在内的民众穿衣的影响。

总体而言，民国时期男大学生的日常服饰主要还是以学生制服、长袍为主，至于是否穿西服则主要跟经济条件相关，一般家庭较富裕的同学多备有西装、皮靴，周末出去游玩或见朋友时穿。但一些贵族学校则是例外，如圣约翰大学素以“贵族学校”著称，校内西服普遍比较流行，“圣约翰的学生，素有洋装先生的徽号，所以着起洋装来，非常挺括整洁，可称为‘与众不同’。有一部分的学生们，是终年着西装的，他们大都是华侨，或是广东、福建的。还有一部分，平常只着一条西装裤子，外面加一件长衫，一到了礼拜六下午出去，把上身的西装烫得毫无皱痕地着起来，把领结整整齐齐地打起来，就此一车离了梵王渡，大游其上海滩了！……至于终年着布衣服的，简直是‘凤毛麟角’，少不见了。无怪人家对圣约翰的学生，总以‘阔气’两字来批评”[②]。暨南大学作为华侨大学，学生不少都是海外华侨子弟，学生穿西装的比例跟当时华侨的经济状况密切相关，“当华侨事业繁荣的时候，侨生的款子也特别多，西装的料和格式也特别的好。那时据说学生大半是穿西装的，就是内地生不久也同化了。到现在似乎差得多了”[③]。

1929 年颁布的《学生制服规程》，在女生制服方面将改良旗袍纳入学生制服。旗袍是由清代满族妇女所穿袍服演变而来，经过改良后的旗袍造型上逐渐收紧腰身，突出人体曲线美，深受世人喜爱，自 20 世纪 20 年代后广为流行。1929 年，国民政府规定蓝色六纽旗袍为妇女礼服，后经不断改良，

---

① 曹聚仁：《我与我的世界》，人民文学出版社 1983 年版，第 251—252 页。

② 熊月之、周武主编：《圣约翰大学史》，上海人民出版社 2007 年版，第 256 页。

③ 子介：《华侨最高学府之四大问题》，《中国学生》1937 年第 6 期，第 18—19 页。

旗袍的长短、领袖都多有变化，呈现中西合璧之妙，终于成为民族的典型服装。[①] 在此背景下，国民政府也将旗袍纳入学生制服。对于旗袍的流行，有学者认为上海女学生是旗袍风尚的发起者，“以当时其‘女界领袖’的衣着引领地位和对西化新事物的接受能力而论，也只有她们才可能是旗袍最早的主要使用者”[②]。当然，也有人指出“旗袍的流行是一些青楼女子、时髦女性为争奇斗艳，模仿满族妇女服饰的结果”[③]。当然，无论如何，当时旗袍成为学生装后，学生成为穿着旗袍的主要人群，引领了当时服饰发展的潮流。

虽然《学生制服规程》规定女学生的制服主要有上袄下裙式文明装和旗袍两种，但因旗袍能体现女生婀娜多姿的曲线美，当时广受女大学生喜欢，几乎达到每个女生都有几套旗袍的地步。例如，交通大学的女大学生“制服似乎是青布的旗袍，但大多数小姐们还是着得花花绿绿的”[④]。革命志士江竹筠在川大读书时“她就爱穿女大学生常穿的一身衣服：秋天是蓝布旗袍，冬天则在旗袍外套一件红色毛线衣，夏天则穿一件浅色短袖旗袍，显得朴素、庄重、大方”[⑤]，可见当时不少女大学生一年四季皆穿旗袍。当时各大画报、报刊登载的女大学生照片，女学生也多着旗袍，从中亦可见旗袍在女大学生中的受欢迎程度（见图 4-3）。

---

① 沈从文、王予：《中国服饰史》，陕西师范大学出版社 2004 年版，第 165 页。

② 卞向阳：《论旗袍的流行起源》，《装饰》2003 年第 11 期，第 68 页。

③ 陈婷：《微风玉露倾，挪步暗生香——追述民国年间旗袍的发展》，四川大学，硕士学位论文 2005 年，第 24 页。

④ 王忻孙：《交大学生的衣食住行》，《浙江省立杭州高级中学校刊》1936 年第 149 期，第 20 页。

⑤ 杨益言：《江姐的故事》，长江文艺出版社 2022 年版，第 56 页。

图 4-3 沪江大学女学生照片（服装样式为改良旗袍）
（资料来源：《良友》1929 年第 39 期）

其实民国时期旗袍的款式经历了由宽大平直的样式，到袖口缩小、下摆缩短的短旗袍的变化，1929 颁布的《学生制服规程》对旗袍的规定就与短旗袍样式类似。随着人们对时髦美观的追求，旗袍下摆上升几至膝盖，袖口不断缩短及至腋下，旁边开衩越来越高，再加上不少女学生追赶潮流涂脂抹粉、戴金丝眼镜、穿高跟鞋、穿丝袜等，使当时在传统道德观念的影响下，社会对女大学生追求摩登、时髦的服饰装扮表现出焦虑，并进行激烈的批判。当时在朴素端庄的道德规范下，理想的女大学生装束是："在校则布服而着校衣，出外亦然，求其清洁而不求其华丽，求其端重而不求其飘忽。裙不过长，衣不过短，或亲戚宴会，则衣虽美，而必用国货，履必自制，衣必自缝。是可以立俭德，而辟奇离之陋俗。"① 故在此道德审视下，学生们精心打扮、衣着靓丽等行为都遭到社会舆论的激烈批判。例如，当时有学生言及燕京大学女生着装时说："至于女生方面，她们的奇装艳服是不用说的，有的每个星期还必要烫发和染指甲呢。"可见，在传统审美中学生的时髦着装

① 飘萍女史：《理想之女学生》，《妇女杂志》1915 年第 3 期，第 3 页。

被称为是“奇装艳服”，烫发、染指甲等行为更是被讥哂。

当时对女学生激烈批判的文章有很多，如芙孙发表的《箴女学生新装束》称：“沪上女学日昌，女学生之装束遂日新月异、层出不穷。若为不衽之衣，若为无领之服，若为半袖之衫，若为露肌之裤，争奇炫异、想入非非，人咸窃笑其不伦，而彼则履声阵阵、赞饰莹莹，方置身歌台舞榭间翩翩然，游目四瞩、旁若无人也者。呜呼！我国民未来之贤母如是如是。”[①] 有论者将此称为学生生活的“微粒子病”，说：“衣的问题，时髦狂的现象，几乎已经普遍在整个的青年学生中了，今天看见某某报纸上登载着特别花样的时式服装的广告，就不惜金钱地去买了来，及至明天听说不时新的话，就把它丢掉，再去另购时新的来。只此一端，亦不知消耗了多少青年学生的大好光阴，靡费了几许父母血汗的金钱，结果只不过作了市场的机器，和缝匠玩偶罢了，更何能去自励攻苦呢？进而言之，什么化妆品啦，奢侈品啦，哪一件不是人家的进口货呢？我们偏偏要拿了自己娇揉出来的血汗，去换些无辅民生的消耗品，这是智者所应为的事吗？”[②] 更有甚者将追求时髦的女学生等同于娼妓、舞女，称：“摩登小姐们，竟有借读书之名，奇装异服，常出没于跳舞场、电影院、大饭店，与舞女、高等娼妓几乎无二。”[③]

如何看待女大学生追求摩登、时髦与社会对其之批判？从当时国家舆论而言，对此持批判态度，国民政府为此还于1934年颁布《取缔妇女奇装异服办法》；也有学者认为：“污名化‘摩登’是近代民族国家话语同女权

① 芙孙：《箴女学生新装束》，《青声周刊》1917年第3期，第1页。

② 《现代学生生活中的几点微粒子病》，《野生》1920年第6/7/8期合集，第23页。

③ 冬日：《两种女性：工女与摩登学生》，《十日谈》1934年第31期，第244页。

话语斗争，以争夺女学生身体主导权的一种方式。"[①] 蒋国儒在《服饰与化妆》对此问题的阐释似较中肯，他指出女同学都喜欢美丽、漂亮，有时因争强好胜而争奇斗艳"不免于趋重于时尚"，学校"固然是以俭朴为训，固违时行，也不免过重形式"，于是学校规定得越严格，学生也是别出心裁，穿得五花八门。都市里的学生习风所染，不断趋向时髦，被人批评"学生明星化，明星妓女化，妓女学生化，虽近于侮辱，亦自有不可否认的成分在"。因此，服饰无论"过于趋时或过于保守，都迹近标奇立异，为维持学生地位的尊严并适应社会的情形，学生与校方都应该各得其当"。至于人们认为的女学生涂脂抹粉具有诱惑性问题，称"这实在是言过其实的，有没有诱惑性，以及被不被诱惑，这是旁人主观的反应。我们不必责成别人，但是女学生及一般女子的化妆是否先存下了诱惑别人的心理，这实在是有辩白的必要。女人的抹粉涂脂，是由于社会的积习，社会上的罪恶，不在乎女人本身的抹粉涂脂，而在乎旁人附合并非的主观反应所引起了恶劣行为"。最后，蒋国儒还指出，审美观念除形式上的秀美外，还有仪态上的审美，要注重品性修养，要严肃、活泼、自重，不要失之于呆钝、放荡、骄傲，仪态万方较之面容秀丽更为重要。[②] 从这些论争也可以看出民国时期学生服饰发展演变折射出的政治文化内涵。

---

① 周娜：《臣属与自决：近代中国女学生身体生成研究》，华中师范大学博士学位论文，2017 年，第 99 页。

② 参见蒋国儒：《寄女学生（第三信）服饰与化妆》，《寄女学生》，《新学生》1942 年第 1 期，第 64—66 页。

第二节　膳食情况

俗语云“民以食为天”，“食”是人们生存和生活的基础，大学生同样也不例外。因饮食对学生健康影响甚大，学校多对此比较关注和重视。当时大学生的主要用餐场所还是学校食堂，食堂实行包饭制，即学校设立食堂，学生每月或每学期缴纳一定的膳食费，由学校招标雇用厨师包办。在具体流程方面，厨师“先派人和校长讲定饭价，照现今米市大约每桌七角，每桌坐七人，并开定菜单。照大市三荤一素一汤［或有另外订定逢星期 × 加大荤一只（肉类）每只若干两］。候校长审查合格后，订立保证书，并须严守校中规则及所定的罚规。再将前厨房所有器皿碗碟等类，一概盘进，然后开始起火。其膳费定半月一结或一月一结，向庶务科领取……教员、校工等饭费，应负减价、增菜的责任，这是做学校厨房的，大都如此”①。

对于包饭制的管理主要有三种模式，一是学校管理，“学校代收膳费，置专员司其事”；二是学生自行管理，学生或成立膳食委员会，或在学生会、学生自治会下设膳食股等机构进行管理，“或有以膳食问题，备极烦琐，完全交由学生自行处理者亦不少”；三是学校与学生联合管理，“由学校代收膳费，代定膳食价目；而改良膳食、维持膳厅秩序之责，则由学生会卫生部任之”。② 随着学生自治风潮的兴起，学生自行管理的模式逐渐占据主流，在不少学校都实行。

例如，河南大学于 1933 年 12 月召集各院长及主任开会讨论全校膳食

① 莫文榕：《答学校膳食问题》，《新闻报本埠附刊》1934 年 11 月 29 日第 2 版。

② 世引：《本校膳食问题》，《光华周刊》1928 年第 4 期，第 24—25 页。

问题时，议定："（1）组织膳食合作社；（2）由同学推举代表，自动组织膳食委员会。"[①]1934年，浙江大学设立学生会膳食股后，当即规定实施办法三则："第一，膳食股得随时往厨房巡视，如有指导，厨房必须服从，不得玩忽；第二，饭菜内如发现蚊蝇、蚯蚓等虫及其他有碍卫生之物时，一律加倍处罚；第三，厨役指爪，必须随时修剪，并禁止蓄留长发，鼓励一律剃为光头。"[②]同济大学"厨房向有商人承办，教职员及同学，未曾加以监督，故办理不见妥善，致同学多就食于环校一带餐馆者"，因此于1935年决定："集各班班长着由各班中每十人选出膳食委员一人，组成膳食委员会，由学生自行管理。"[③]

有些学校还存在个别学院申请自办伙食的情况，如中山大学法学院，"民二十八年级学生，近为改善膳食起见，特商请学校发还膳费，自行雇工办理，并经由学校核准拨用新建之丙组膳堂开膳……设立膳食委员会以处理日常事务……经过成绩，极为优异云。"[④]其实当时学生自行成立膳食委员会对学校食堂进行管理的模式，不仅在大学比较普遍，在中学也非常流行。[⑤]如大夏大学附中"为顾及学生健康及减轻学生经济负担起见，关于膳食问题，自本学期起参照著名省立中学办法，由学生组织膳食委员会，自行办

① 《本校整理膳食办法》，《河南大学周刊》1933年第15期，第2页。

② 《学生自治会膳食股切实改进全校膳务》，《国立浙江大学校刊》1934年第175期，第1842页。

③ 《本校同学膳食问题将大改进》，《国立同济大学旬刊》1935年第73期，第10页。

④ 《法学院自办膳食之经过情形》，《国立中山大学日报》1935年12月28日第14版。

⑤ 刘京京：《民国时期中学生生活研究（1912—1937）》，华中师范大学博士学位论文，2015年，第159—162页。

理。自通知学生家庭后，深得各生家长来函赞许焉”[①]。总体而言，当时学校食堂的管理以学生自行管理为主。

当时学生膳食委员会的主要职责是：监督学校食堂的卫生、判定食堂是否符合学校的管理规定、议定学生膳食费标准等（见图 4-4）。以同济大学膳食委员会的会议记录为例，“议案：（一）大同餐社前于本会章规定抗不服从，因令其停止营业，兹该厨房深知悔改，特具呈本会请求准予继续营业，应否照准案。议决：准予试办，以观后效。（二）祥济饭庄呈请停业，应否照准案。议决：着其办至本月底结束。（三）新厨房伙食应否增价（即每月改为八元）案。议决：由各组长负责征求各委员意见，再行议决”[②]。再来看看浙江大学膳食委员会的会议记录：“讨论工作：一、本会工作看重于监察厨房之清洁卫生等事项，一俟收有效果后，再及其他。议决：通过……三、对于新校址之膳食问题，应如何工作案件。议决：由本会建议本校，请其注

图 4-4 复旦大学膳食委员会

（资料来源：《膳食委员会小史》，载《复旦年刊》1923 年第 5 期）

① 《学生自理膳食》，《大夏周报》1935 年第 1 期，第 18 页。

② 《本校膳食委员会第五次执行委员会会议记录》，《国立同济大学旬刊》1935 年第 79 期，第 4 页。

意新校址之膳食问题，双方协力办理检察事宜，并请本校注意食粮之存储。四、如何征求同学对于膳食之意见。议决：用意见箱征求同学意见。”[①] 由此可见，学生膳食委员会的权力颇大，不仅可以决定某厨师或饭庄能否承包学校食堂，而且对学校食堂的发展以及价格等问题有较大的议决权，同时还负责学校食堂卫生的检查，有权惩处卫生不合格的食堂。

虽然不少学生食堂由学生监督管理，然而学生普遍对学校食堂观感不佳。这主要是因为学校食堂收费一般每月 7 元，价格相对比较便宜，然而“一分钱一分货”，食堂饭菜的质量也一般，众口难调，所以学生普遍对食堂感到不满，经常为此与食堂发生冲突。例如，上海法学院的学生“时以饭菜不佳与厨房为难，日前午膳时，某生又以饭菜恶劣，首与厨房争执，并将饭碗击碎，一时继起者甚多。厨房方面，因迩来米贵菜昂，获利甚难，加以时被学生击碎碗盆器皿，时有贴本之虞，遂不愿承包，并自愿将未满期之膳费照数退还。学校当局闻之，颇为焦急，于是出任调解。始经协定，由该校校长褚辅成出一布告，通知学生以后不得再有此野蛮举动，如有任意击碎碗杯器血则应照数赔偿。厨房乃继续承包，而学生之膳食问题，始得解决。然学生以性之所至，以后恐难免再有此种行动之发生也”[②]。可见当时学生与食堂就饮食问题经常发生矛盾，学生常以摔盆摔碗表示不满，学校当局对学生与食堂之间的冲突也颇感为难。

因为学生一般不喜欢学校食堂的饭菜，所以经济条件较好的学生，多在外面下馆子。有的学校师生经济条件较好，学校甚至主动协助开餐馆以解决全校师生的吃饭问题，如暨南大学附近“甚少饭馆，而即有家，而取价殊

---

① 《学生自治会干事会膳食委员会会议记录》，《国立浙江大学日刊》1937 年 10 月 28 日。

② 《法大学生与厨房之膳食交涉》，《福尔摩斯》1930 年 6 月 5 日第 2 版。

昂，且距离本校甚远，故膳食一项，成为本校师生五百余人之大问题。现本校为便利师生起见，特将赫德路校舍后之厨房一所，租与前真如小乐园主人，专营饭作。现已开火，取价亦廉，就地可餐，咸称便利。而本校一部分教职员，为谋同人膳食便利起见，亦向学校请求，借得新闸路校舍之厨房一间，合资自办伙食，业于四月一日开始，闻以限于炉灶，仅以二十八人为度”[①]。

除此以外，还有个别学校的学生在校自己煮饭吃或者自行组织饭团。例如武汉大学，“就吃饭来说：从前在旧校舍时候，一般穷学生，多依其口味所好，三五个人，结成一吃饭小组织，买个旧汽炉，借套陈锅碗，凡买烧洗刷诸事，全员一起下手，分工合作。烧的菜很香，煮的饭也甜，每餐皆是风卷残云，煮饭每次要费三刻钟的宝贵光阴，然因此省了许多加筑债台的辛劳，所获也诚不在少了。每逢吃饭时候，只听那宿舍上下，炉火呼呼作响，比起村野里的‘炊烟四起’，倒也别有佳趣。可是自迁入珞珈新校舍后，情形便有些不同了。因为学校当局要保护新屋的洁净，便出示禁止在宿舍中燃烧汽炉，这本是不得不的事情。可是苦了和肚皮打算盘的一般同学。然需要是创造之母，果然，另辟途径，扩大组织，集合百人上下，组成所谓自办厨房，雇佣厨师，选举经理，就由事必躬亲的小饭团，扩张成监督指挥的大饭旅了。但各省同学，口味不同，于是喜食蒸饭的湘鄂同学，自成一组；喜食煮饭的江浙皖同学，也自成一组；喜食面食的北方同学，又自成一组；连学校设备的厨房，一起算来共有五六个饭旅之多。将来再遇到必需也许能结成一个体制完备的吃饭师。只是苦了两广闽滇诸省同学，他们人少势孤，团即不能结，旅也编不成，只得胡乱参加到各饭旅里去将就，恰像江里来水里去的杂牌军队一般”[②]。武汉大学学生自行组织伙食团的这种做法，在当时各大

① 《膳食问题亦已解决》，《暨南校刊》1932 年第 9 期，第 6 页。

② 昂觉民：《武大学生生活的各方面》，《新社会》1934 年第 9 期，第 264 页。

高校中是颇具特色的（见图 4-5、图 4-6）。

图 4-5　学生食堂内景

（资料来源：《中法国立工学院院刊》1934 年第 1 期）

图 4-6　学生食堂外景

（资料来源：《朝华》1930 年第 1、2 期）

至于各校学生饮食的具体情况，我们可以通过当时学生的记忆、叙述来具体了解。如南开大学的学生饮食，“有食堂可以包伙食，每月不过六七元。高兴零吃的话，有便餐馆，菜价也不昂贵，至于常常跑到外面去吃大菜的，真是罕见啊”①。有些同学则认为“每月吃七元多的两餐，总算不便宜”，当时吃的菜品主要有“白菜、豆腐和丐搭酱，上面漂盖几片纸薄的肥肉，算是荤菜。六个人四个碟，如是而已……我们吃的材料虽然有改良的必要，但是厨房里的清洁，食堂里的干净都是使我们很满意的，这实在不能不恭维庶务课办事够资格”②。在中国公学，“对于食的问题绝对自由，学校并不加以限制，所以许多同学的食欲格外发达，在校中的厨房包饭的人颇形寥落；在校外附近者，馆子虽有七八家，包饭的人十分拥挤，尤其是在校门附近的第一家馆子，招待得最周到，生意特别兴隆。各间包饭的价目，一天有二顿、三顿的分别，二顿者每月价洋七元，三顿者每月价洋九元，至于一般‘阔少’们，则食‘特别滋味’，所费常至数十元不等”③。武昌华中大学的学生则多在学校里面吃，“说到他们的吃都是一律的，由学生组织伙食委员会包给厨子，一天三餐，早上稀饭及馍馍，午饭及晚饭都是四荤。首先由厨子制订一种标准菜，以后都根据这个标准来办，不得有一点参差”④。

同济大学的学生则上餐馆的比较多，“食，自然是上饭馆。四川、广东、天津、江北，什么菜馆都有；校内两家规模较大，座位也比较舒适整洁；校外几家，菜味鲜美，也各有独到之处。饭票价格不同，有一元钱八张者，也有一元钱九张半者。在生活程度高过各地的上海，总算已够便宜。早

① 傻洒：《天津南开大学学生生活》，《青年月刊》1937年第4期，第54页。

② 迈罘：《南大学生生活概观》，《南开大学周刊》1928年第51期，第4页。

③ 李次民：《中国公学之学生生活》，《中国学生》1929年第3期，第12页。

④ 端方：《武昌华中大学的学生生活》，《学校新闻》1937年第69期，第8页。

晨一餐，食面食稀饭随你，面票二张等于饭票一张”[①]。暨南大学的学生也是大部分在外面吃，“这儿的伙食，多数是在校外的餐馆吃的。女舍虽然有厨房，因为口味不好，也有些人在外面吃了。虽然校内也有个大膳厅，除了一部分中学师范免费生和校工，也很少去光顾的。在餐馆中吃的方法，有的包饭，先记账后呈钱，有的等吃，先买饭票，吃一顿付一张，并且可以今天在东家吃，明天在西家吃，比较自由得多了。早餐，也另外有吃早点的地方，节省一点的，叫茶房一个包子、大饼，也就够了。要吃零食，也随时可以买得到。现在我把各类餐馆，列举如下：西南，俄国大菜馆，真如西菜社、德禄西菜、新开；粤味，广东居、杏花村、流触馆、冠南真；川味，川真、蜀锦小餐；徽味，大雅、大兴、合记、山景园；早点，强生、家庭、西园；馒头，五村、吉兴；另食，南新、其他小摊”[②]。中央大学也“因为学生众多，口味嗜好不同，所以没有统一的食堂，大多数在学校左近民众所设的食堂里面买饭票，自由点菜，每月饭食费平均八元左右，较内地似稍昂贵”[③]。

清华大学在清华学堂时期由于经费充足，吃饭免费或半免，据 1913 年考上清华大学的潘光旦回忆：清华大学的“伙食是够好的，无论膳费是全免、半免，或每月付足六元钱的全膳费，基本上都是吃公家的，吃退回的部分庚子赔款；平时的八菜一汤或四盘五碗，一到十一月一日，即全校开始生炉子的那一天，五碗就合成一只大火锅；大米饭、上白面馒头、小米稀饭、拌上香油的各种酱咸菜，除早餐无大米饭外，一概听吃”[④]。后来随着学校人数多增加，学校的食堂也发生变化，据 1934 年考上清华大学的何炳棣回忆，

① 王黎：《同济大学学生生活》，《青年周刊》1937 年第 6 期，第 29 页。

② 子介：《华侨最高学府之四大问题》，《中国学生》1935 年第 8 期，第 19 页。

③ 束容松：《中大学生生活一瞥》，《江苏教育杂志》1936 年第 8 期，第 84 页。

④ 潘光旦：《清华初期的学生生活》，载《民国大学，遥想大学当年》，东方出版社 2013 年版，第 244 页。

当时学校有五个食堂，分别是“二院、三院、四院、大食堂和女生食堂。二院、三院饭菜都很便宜。如果吃素饭，六块钱就可以吃一个月；吃肉饭拼命吃，一个月也就是八块。此外还有所谓的清寒食堂，全餐不超过 1 毛或 1 毛 2 分”[①]。可见清华的伙食自始至终都是比较优惠的。

在北京大学则吃饭也透露着“自由”的气息，“北大的吃是绝对自由，爱怎么吃就怎么吃。这种自由在初享到的人实在有点不惯，尤其对于过惯了规律生活，集体生活的人看来……对于吃饭的方式你可以随意选择。包饭可以便宜些，一月通常自六元至八元，但吃包饭的似乎却不多。为什么？因为它违反了北大的自然规律——自由。在实际上说，包饭确有它不便利处”，更重要的是“在北大附近，零吃实在是太方便而廉价了”。学校旁边的餐馆“费几分钱到两毛钱，就可以吃饱你的肚子。两毛以上一顿是极贵族的吃法，大概是在沙滩第一流的馆子，福和居之类，吃到两菜一汤，而菜还是时鲜才会如此。普通客饭一荤菜一汤，花卷米饭管够，卖一毛五至一毛八，已经比今日八元一月的饭强了，如果吃面食，更便宜”[②]。

不少同学除正餐以外，课外还会购买零食或吃宵夜以为补充。例如，同济大学学生“零食的贩卖所只有独家，花色尚多，应时水果，糖糕饼干，应有尽有，早晨兼售牛乳咖啡。如果是老主顾，也不妨登账，有铺盖在校，怕他作甚？老板的算盘，早已打得铁稳”[③]。武昌华中大学“有些身体软弱的，定购城外农场外国种牛奶作为补品，也很卫生可口。许多人都有宵夜的嗜好，每到晚上九十点钟，邻近的小馆都忙了，送些面、豆丝、汉川饼、伏子

---

① 何炳棣：《读史阅世六十年》，广西师范大学出版社 2005 年版，第 92 页。

② 牧洲、牧小编：《北大故事　名人眼中的老北大》，中国物价出版社 1998 年版，第 90 页。

③ 王黎：《同济大学学生生活》，《青年周刊》1937 年第 6 期，第 29 页。

酒、水饺、豆皮……忙得不可开交，如若不是有宵夜这一回事，那么这几个小馆的老板早已逃得无影无踪了”[①]。然而有些学生却因经济困难，连一日三餐都难以保证，如北平师范大学“有三个食堂，每月饭钱不过七元上下，但多数同学还嫌太多，于是吃三餐者很少，多数同学是在学校吃一餐。其他在校外小饭馆果腹，每次饭钱，不过铜元三四十枚。还有的就在街面上吃，老豆腐、小烧饼之类，则花钱更少”[②]。可见学生们因经济条件的差异，在饮食方面的差距也比较大。

总体来说，当时大学生日常饮食种类丰富、名目繁多，学生既有不少在食堂用餐，也有很多在餐馆就食，这与学生的经济水平密切相关。在学校食堂管理方面以学生自主管理为主，体现了当时学生自治盛行的时代特征。

第三节 住宿情况

民国时期大学生的住宿分为学校住宿和校外住宿两种形式，原则上要求全体学生住校，在学校集体住宿有利于养成良好的生活习惯，砥砺学习、磨炼品质。但有些地区，如北京、上海，学校宿舍紧张，不少学生在校外租住公寓。这样，两者相结合共同构成民国时期大学生住宿生活的画卷。

民国时期的学校都制订严格的宿舍管理规定，以维护宿舍纪律，其内容包括不准擅自调换床位、按时起床睡觉、保持室内整洁卫生等。例如，上海国民大学制定《寄宿舍规则》要求：“卧榻位置概由学校排定，不得擅自更

① 端方：《武昌华中大学的学生生活》，《学校新闻》1937年第69期，第8页。
② 宋志斌：《师大学生生活素描》，《读书顾问》1935年第4期，第340页。

动；每日上午六时摇起身铃，诸生闻铃即须起身，请勿延迟；严禁寝室内自举饮食及一切明火喧扰等事；被褥床桌及书籍用物，务须随时整理；诸生自修，须专心静读，请勿高声朗诵，以免有碍他人自修；宿舍大门定每晚十时下锁，晚间因事外出者，须于十时以前回宿舍，否则概拒不纳；每晚十时就寝，十时三十分熄灯，熄灯后不得进行谈笑，致扰他人安睡。”[①] 其他学校也大体如此，如北京大学也规定学生调换宿舍需要经过职员许可，舍内不得留宿外人，舍内不得赌博及其他不规则行为与妨碍他人自修暨公安等情事，寄宿各生宜于舍内讲求清洁以重卫生，舍内住宿学生如有亲朋来访须延至接待室谈话不得引入寝室，本宿舍大门晚上十点上锁不得任意出入（但星期六、星期日得延长至夜十二时上锁），舍内电灯至迟晚十一点一律熄灯等。[②] 有些学校对学生住宿的管理更加严格、细致，并且还制订惩处措施，如岭南大学要求“每晚十时十五分，学生须在宿舍住室，听候点名”“学生因事留宿校外，须向宿舍长报告。未经许可而自行离校者，首次罚银三元，再犯则由训育委员会议处”。[③]

当时对于女生宿舍的管理更为严格，严禁男子进入，并专门配有指导员进行管理，使之成为“禁地”，因此男生一般戏称女生宿舍为“东宫”“西宫”“禁宫”等。除此以外，还专门制订女生宿舍管理规定，对寄宿女生的出行、作息时间、行为规范，有细致、严格的规定。例如，沪江大学“女生舍监权力极大，可以干涉女生的生活及衣着等。非舍监许可，女生不得会见

---

① 《寄宿舍规则》，《国大周刊》1926 年第 16 期，第 12—13 页。

② 《国立北平大学北大学院布告》，《北京大学日刊》1929 年第 2151 期，第 1 页。

③ 《宿舍规则》，《私利岭南大学章则课程》1934 年，第 49 页。

男生，甚至晚间去图书馆的女生也必两人偕行”。[1] 暨南大学制订《女生专则》规定：“女生晚间八时以后，因事须离开宿舍前往校内别处时，除公众聚会外，须先得女生管理主任之许可；男宾探访女生时间，须在星期三、六及星期日下午一时至十时。”[2] 之江大学制订《女生规则》要求：“（一）每晚七时后为自修时间，不得在外游行，如需至图书馆阅览书报者，应约人同行，通报女生指导，但在十时前须返宿舍。（二）女生不得擅入男生宿舍，亦不得在女生宿舍招待男客，如有事须接洽者，应在下午四时至六时之间，由来客通告女生指导，得其许可后在会客室由女生指导陪同接洽。（三）女生有家属住居本城者，先由家长来函证明核准后，得于每星期六晚间在家留宿但至迟须在星期日下午七时前返校。（四）每逢假期或例假日，当晚七时以前须一律返校。”[3] 光华大学也规定：“一、在修学期内无论假期非假期一例点名。二、每晚点名于九时五分举行。三、点名时各生务须各归宿所，以候指导员莅临，如在点名时间有特别事故不在房中，须于当晚熄灯前至指导员处报到，否则作为缺席论。”[4] 虽然学校规定允许男生到会客室与女生见面，但事实上却多受到女指导员和宿舍茶房的留难[5]，如复旦大学 1928 年某新聘女指导员禁止男女交往，女同学苦不堪言，最终被学生驱逐。[6]

---

① 刘王立明：《沪江大学始末简记》，载中国人民政治协商会议全国委员会文史资料研究委员会《文史资料选辑》编辑部编《文史资料选辑（合订本）》（第 10 册），中国文史出版社 1986 年版，第 128 页。

② 《女生专则》，《私立岭南大学章则课程》1934 年，第 49 页。

③ 《女生规则》，《私立之江文理学院一览》1936 年，第 106 页。

④ 《私立上海光华大学章程》1930 年，第 35 页。

⑤ 参见《大夏女生宿舍开放的别报》，《中国摄影学会画报》1930 年第 267 期，第 5 页。

⑥ 参见杜绍文：《关于三宫二院与两园》，《复旦同学会会刊》1935 年第 4 期，第 13—16 页。

对于学校禁止外人在宿舍住宿以及严禁进入女生宿舍等规定，不少同学表示不满。对于禁止外人在宿舍住宿问题，南开大学某学生说："据我感觉到，同学最感到不便的是学校不许外来的人住在学生宿舍里。为了这个问题在三个宿舍里，在学生和斋务先生间不知闹了多少麻烦。我以为学生进了大学，难免社会关系比较复杂，亲朋交往日多，偶然有一两个朋友来到，南空话旧不知西方既黑，是常有的事。加之大学不比小学，出了校门就是家门，有些同学都是不远千里而来，一旦家里有人来看看他们的子侄弟妹，想求得个较长的亲热的机会，却往往顾虑着没个住宿。"① 对于严禁男生进女生宿舍问题，有学生认为是开历史的"倒车"，"时至今日，样样都求解放，女子解放运动哪一年就开始了，然而至今在最文明的圈子里还没有完全做到，这未免遗憾得很"②。"到底为什么男同学不能随便进入女生宿舍，而男生宿舍却不加以限制呢？这对于女同学们到底是作何估计？是侮辱呢？还是尊重呢？希望男女同学都认清这件事所具有的意义，要实践真的男女同是'人'理论，女同学们不要再容忍再顺从下去了"③。

虽然当时学校严禁男生到女生宿舍，但当时不少学校都会选择在校庆日或圣诞节（教会学校）将女生宿舍开放，这一天男生可以自由出入女生宿舍参观。这作为一种流行的社交活动在很多学校施行过，如清华大学、北京大学、北平师大、大夏大学、燕京大学、金陵大学、交通大学、光华大学、沪江大学、复旦大学、浙江大学、中国学院、厦门大学等。虽然有些学校男生宿舍也开放，但一般参观女生宿舍的人络绎不绝，男生宿舍则略显寂寥。在当时，"我国这种不'进'不'退'的社会"，校园开放日是一大盛事，

① 明庸：《论我校宿舍的管理制度》，《南大》1937 年第 4 期，第 137 页。

② 同上。

③ 伐柯：《谈谈女生宿舍开放》，《清华副刊》1936 年第 1 期，第 15 页。

“不特是校外人士交互谈着要来参观，就是校内的同学职员也是等待这个机会”①。女生一般精细准备将宿舍装饰一新，并备置小零食欢迎男生的到来，男生则一般带着猎奇的心理前往“禁地”游览。例如，金陵女子文理学院的情形，在开放日到来之前，“有同学多人上街购置大量镜子、花瓶、相架、画片、鲜花等为装饰之用。更有同学特购浅蓝色包纸数张，将书架上所有书籍全行包裹齐整。欲谋闺房之整齐美丽，诸小姐实煞费心思矣。是日下午一时，湘闼大开，参观者络绎而至，中以男宾之数为众。盖早时宫禁森严，下界人未容一窥广寒，今日禁令暂开，安得不争先前来参观哉！巡视各室，或用红色、黄色之布为床毯、台毯、窗帘者，富丽堂皇。或用蓝白相间或一色纯白者，清幽淡雅，床柜桌椅，布置之法各异。花瓶、镜架、玩物，装饰之品不同，钩心斗角，各极其美，参观者莫不称道赞美云”②。再如，之江大学宿舍开放日的情景，这一天“女生宿舍楼梯旁‘男宾止步’仍未取去，男客们虽然还是大着胆走上去，终不禁有些心惊胆怯。思雷、思孟堂布置宛如新房，并备有糖果，款待嘉宾，惜粥少僧多，一扫而空”③。

光华大学宿舍开放日的情形如下，“一般男生得此一年一度往桃花宫参观之机会，无不如逢大赦，欣喜若狂，一进女宿舍，即大嚼桌上所备之茶点糖果，并翻箱倒篓，偷盗女生之书信照片，化妆品之类，其情形至足发嘘云”④。也是在这一年，光华大学女生宿舍“损失水果一篓，情书照片数十件，蔻丹一盒，日记册一本，玉镯一只，扑克牌一副，手套一双”⑤。北京大学还曾因在宿舍开放日某女生丢失两张照片，认定是被某男生偷去而引起风

---

① 李亚白:《女生宿舍参观记》,《校风》1935 年第 349 期，第 1394 页。
② 《宿舍开放》,《金陵女子文理学院校刊》1936 年第 53 期，第 10 页。
③ 《校庆花絮：宿舍开放》,《校讯》1946 年第 7 期。
④ 《光华大学女宿舍开放之一日》,《摄影画报》1934 年第 18 期，第 8 页。
⑤ 《女生宿舍开放的损失》,《玲珑》1934 年第 18 期，第 1149 页。

波。[①]1934年，清华大学鉴于女生宿舍开放的种种弊病，准备施行严格的限制条件，即“一、女同学及外宾参观，须由熟识之女同学率领，方得入内；二、每一女同学每次仅能领三人入内参观；三、参观须在女生宿舍内门前签字，否则不得入内”，激起同学们的反对。1936年，清华大学女学生认为女生宿舍开放“迹近侮辱”，联名反对，学校应允，使“一年一度之例举停止，为之兴叹者，大有其人”[②]。

对于校外住宿，有些学校明确禁止，如厦门大学规定：“本校各学院学生必须一律在校寄宿，不得择居校外任何寓所。如遇在外服务或照料家庭必须留宿校外者，得开具事由并交家庭或服务机关证明书，向训育处请求，经调查许可后方准离校。”[③]劳动大学规定：“本校学生须一律住宿于学生寝室之内。”[④]燕京大学也规定：“学生不得在校外寄宿。凡有特殊情形，男生须得辅导委员会之许可，女生须得女部主任之许可，而各该生之校外住所，应由学校随时检查。”[⑤]虽然不少学校都严禁学生校外住宿，但有些私立学校因经费不足，学校宿舍紧张，大多学生在校外租住公寓。例如，1934年北平的中国学院共有学生1082人[⑥]，直到1936年学校共有男女宿舍4个，可容400人，其中女生宿舍两个仅能住30多人，其余学生只得到校外租房。[⑦]北京大学也

---

① 参见《北大女宿舍开放遗失照片风波》，《摄影画报》1935年第10期，第7页。

② 《学府新闻：校庆日女生宿舍不开放》，《中国学生》1936年第21期，第12页。

③ 《学生宿舍规则》，《厦大校刊》1936年第5期，第3页。

④ 《学生宿舍规则》，《劳动周刊》1931年第1期，第11页。

⑤ 《宿舍规则》，《北平私立燕京大学学生须知》1933年，第34页。

⑥ 参见中华民国教育部统计室编：《二十三年度全国高等教育统计》，教育部统计室1936年版，第168页。

⑦ 里飏：《中国学院学生生活》，《现代青年》1936年第4期，第27页。

因人数众多宿舍不敷分配，一般只能住 1000 人，其余的 2000 多人都散住在百十个公寓里。[①] 及至 1931 年还发公告称："本校学生众多，宿舍床位不敷分配，现正计划建筑新宿舍，俾得一律住校，唯此项工程绝非短期间内所能告竣。此次录取新生望各自觅宿处，一俟本校宿舍有空余床位，再由庶务部规定办法通知迁入。"[②]

至于各个学校的具体住宿条件，因学校经济水平的差异而不同，像清华大学、燕京大学、圣约翰大学这样经济条件较好的学校，住宿条件优越，甚至还有抽水马桶这样的设施，像浙江大学、中国学院等学校住宿条件则较差。下文通过当时在校学生的记叙或回忆对当时部分学校的住宿条件，以及宿舍生活做简要介绍。

清华大学的住宿条件相当优越，"大楼是清华顶好的床舍，司必林床和汽炉是别处享不着的权利。兼之明窗净几，也是二、三南院所不及的。二、三院的寝室，都是三人一间，不过二院的屋子较三院为小，光线也不及三院的明亮。居室的饰置，因各人嗜好不同，不能一例。有审美观念的人，往往能想出种种方法，将寝室点缀得非常雅极。置身其地，觉得有一说不出的快感。还有一种人，白天上讲堂，晚上到图书馆，除了睡觉之外，几乎与寝室不发生关系……更有同室三人，彼此都是个性发展得很厉害的，大家都支起白被单，将寝室分成三间小屋子，各霸一间，间自为政。过的也是居室生活的特征了"[③]。

圣约翰大学的住宿条件也堪称优越，宿舍"四周总是空阔的草地，空气非常新鲜，同那种在上海闻煤灰的学校比起来真有'天壤之别'！一房住两

① 谬全源：《北京大学的生活》，《学生》1922 年第 7 期，第 1 页。

② 《本校布告》，《北大日刊》1931 年第 2673 期，第 11 页。

③ 《清华生活》，《清华周刊》1925 年增刊第 11 期，第 569 页。

人或三四人不等，点灯也是一两盏不等，是照房间的大小而定，帐子皆用珠罗纱的，既觉美观悦目，而且非常透气。桌椅由学生自备，所以各就其所宜地带来，比较那种规定的要舒服多。房间里每天由校役打扫，同擦地板，每天还有监察宿舍的先生查看，所以房间里非常清洁。壁间大概总有几张图画或照片挂在那边，用来点缀。明窗净几，读起书来自有趣味，加之春天的时候，窗外桃红柳绿，赏心悦目，真是乐趣融融”[①]。

图 4-7　圣约翰大学学生宿舍

（资料来源：《中国学生》1936 年第 3 期）

武昌华中大学作为教会大学，住宿条件也不错，“你要想到这里来看皇宫式的建筑，那我只有引你到珞珈山去参观武汉大学了。这里是英美式牛津哈佛的风味，男生分住三栋宿舍，女生则独占颜母室，即是前任苏俄大使颜惠庆先生为纪念先母而捐的。去年的新生有九十余人，打破历年的纪录，占

① 熊月之、周武主编：《圣约翰大学史》，上海人民出版社 2007 年版，第 257—258 页。

原有学生数目三分之二，于是校内宿舍不得不拥挤而形热闹了。宿舍的物质享受是很舒服的，每个宿舍都有交谊室，内设有中外多种报章杂志，每天午饭的前后看报的人最多，他们都是非常关心目前的时事，还有游戏的设备：乒乓、象棋、扑克、桌上高尔夫……到了冬天，炉子里的火熊熊地烧着，你怎会感觉到在前线的兵士受寒风暴雪的痛苦吗？更有那冷热水管莲蓬喷水的洗澡房，给予以淋浴为消遣的同学许多便利。宿舍的规则得够严格了，同时宿舍主任又毫不放松，而尤其是女生主任更不好讲话”①。

武汉大学自搬到珞珈山后，住宿条件也非常优越，宿舍都是皇宫式的建筑，“住的生活因为有学校供给，大家的享受是平等的。男生宿舍左右四幢，上下四层，共分作十六个斋舍，每斋有十几号或三十几号居室不等。一个房间住两个人或一个人的也有，房间里一色的床铺、书架、书桌、木凳、电灯、痰盂，既整齐，也讲究。每个斋舍都有会客间、沐浴室以及抽水的厕所。每斋还有两个校工专供同学的使役。当然，这种生活是一般同学在家庭里所未曾享受而进社会后也难得享受的”②。

中国公学作为成立较早的大学，住宿条件也相当不错，而且学生宿舍也比较整洁。“住的问题，实在可以合人心满意足，光线和空气都甚适宜。所以论起校舍的优良，在上海各大学当中虽不能首列前茅，也可以居二三把交椅。我的朋友常常对我说道：‘你们学校的校舍，好像N市的C旅馆一样整齐！’以此就可以想见一斑了。”学生宿舍“依天、地、元、黄、宇、宙等字排列。天地元黄则住学生，宇宙则住教职员，各寝室联络一势……每居室有住三人或二人的，随学生自由选择。还有女生宿舍两所，也很整齐。寝室内的布置，四壁都挂着中国字画和西洋风景：或伟人和团体的照片，或裸体

① 端方：《武昌华中大学的学生生活》，《学校新闻》1937年第69期，第8页。
② 陈棣华：《武汉大学学生生活速写》，《青年月刊》1936年第3期，第61页。

美人和明星的玉照……什么‘梅兰芳’‘紫罗兰’以及此外各种滑稽的视频，粘贴得满壁甚是有趣。被褥也很整洁美观，真有‘室雅何须大’的气概！但是因为学校于每居室没有书架的设备，所以各同学的书籍，都在柜上堆着像喜马拉雅山的尖峰一样”。[①]

南开大学的住宿条件则差强人意，“光线充足，位置适宜，男生的共分两个，大的屋四人一间，小的屋三人一间，两张桌子，三四把椅子，一个书架，三个铺板，总算简单适用。冬天里有的是汽炉，总也可算舒服，但是女生咧？五六个人只有一个小煤炉，屋里不能放，放在过道，热的气被冷的风一调和，结果炉子变得不冷不热了，无怪女同学成日的抱怨，这实在是学校财力不够的缘故……寝室里的布置就如随各的便，有的满屋子贴些书片；风景也好，裸体美女也好，看了都是痛快。有的人一点都不好装饰，一块白壁倒也清雅。在课余的钟点谈的谈，笑的笑，唱的唱，打的打，敲的敲，拉的拉，也够热闹……寝室里的堂役总算是各司其事，看屋打扫都很有秩序，三餐茶水都能按时预备，平时做事也都迅速”[②]。

同济大学，“关于住，同济总算是够舒服了。朝南的，三个人一间，朝北的，二个人一间；电灯的亮度，由你自己欢喜，一百烛光也好，二百烛光也好，学校当局绝不出来干涉。铁床现成，台子现成；坐，对不起只有凳子，如果想舒服一点，只要掏出二元法币，向吴淞藤作店定制一把有背的靠椅就得啦！同济的同学，大学部一股脑儿算起来，还不到六百，人少，宿舍自然也不必多。三幢宿舍中以第四宿舍为最大，住在四层楼上，举目一望，吴淞全镇，一览无余，淞沪铁道细得像一条小蛇，向着蕴藻浜那边伸展开去，隐没在邃远的田野中”“宿舍在平时，静寂得很，开门去一看，大部

① 李次民：《中国公学之学生生活》，《中国学生》1929年第3期，第12页。

② 迈罘：《南大学生生活概观》，《南开大学周刊》1928年第51期，第4页。

分同学低着头伏着身子在用功，或整理笔记，或看参考书。热闹的时候也未始没有，譬如在晚饭后与自修时间以前约一段辰光，怪腔的京调，初学习的梵华林，拖在水泥地上的木屐，无线电收音机上的爱情歌，交织成一种使人不快的音浪，整个宿舍闹得像下等游艺场一样。星期日的情景又是一变，刮胡子，擦皮鞋，喊茶房，开了一阵以后，三三二二，带着手杖，拿着‘柯达克’，先后上宝山，去砲台湾，赴上海了，剩下空虚的宿舍，连鬼影子也找不到。‘工作的时候尽量工作，游戏的时候尽量游戏’，这是同济另一特色”。[①]

中国学院宿舍条件比较糟糕，管理也很松散，在外住宿的学生则更是荒废学业。“学校里共有男女宿舍四个，可容同学 200 余人，女生宿舍两个，可容同学三十多人，其余的便只得走读。男生宿舍比较勉强，每个屋里有住二人的，有住一人的，电灯规定是两盏，但多安也可通融。每一宿舍有盥漱室一和二个工友，并可以有电话可以使用。来了客人是在宿舍招待，就是自修也在宿舍。女生宿舍虽然是被称为东西两宫，而内里的狭小与脏污的气息，实在要命。女生宿舍，一到晚上就鸦雀无声，不知他们都跑哪里去找安慰。男生宿舍……那京腔和皮黄的声音，从远远就可听到。再有一点，应加声明，就是露宿也无关系，因为学校里没人查寝，所以尽可外宿不归……走读就是在外住宿，而在外住宿，大多数是在公寓里泡，在公寓里可以随己所欲，任性而为，所以内里的黑暗杂乱，简直不堪言状。虽然从前袁市长曾下令男女分住，但公寓之不良，绝不止此”[②]。

浙江大学作为一所年轻的大学，住宿条件虽然不好，但学生的宿舍生活却非常丰富。“学生宿舍计有古旧的三层楼五座，每座可容百人光景。两

① 王黎：《同济大学学生生活》，《青年周刊》1937 年第 6 期，第 29 页。

② 里飏：《中国学院学生生活》，《现代青年（北平）》1936 年第 4 期，第 26 页。

人合住一间，放好了一对桌子两双床，房间里就没有多大空隙了。臭虫、蚊子、老鼠很多，到冬天热气管和火炉只是梦想。然而‘君子安贫’，住在宿舍里的人对宿舍总会发生好感。这宿舍兼是书斋，用功朋友一天到晚埋首面壁，啃着书不放。宿舍又是娱乐室，胡琴、京调、口琴、军歌，乐音终日不绝。宿舍当然可以做试验室，有人研究无线电，有人试验军用化学，一日试验不慎，炸药爆发，害得几位热心科学家，眼泡嘴肿，大考期间躲在调养室里喊痛。无线电同志拿出其业余技术，大造其电炉，一不小心，线路短接，保险丝跳闸，全校墨黑。宿舍也不妨是会客室，床铺权充沙发，宿舍中也可‘门牛’，走廊便是战场。所以一到电灯初放黄光，大学生们饱腹而回，宿舍中便攘如市场，如戏馆，真真勤学之士，只好退向图书馆去了”①。

从上文可以得知，当时大学的住宿条件参差不齐，有些条件较优越，有些则较差，这与学校的经济条件和招生规模密切相关。虽然当时各个大学住宿条件不一，总体而言都有现代化的设施，这是不少来自农村的学生在当地难以享受到的，从农村来到城市里的大学求学使他们能够享受到现代化发展的成果。

小　结

“衣食住行是物质生活的主要内容，同时也是民族文化的物质外化。因此不同时期的饮食、服饰、居住、交通、建筑、器用等，不但反映了当时物

① 马文农：《浙江大学学生生活》，《青年月刊》1937年第1期，第76页。

质生活的状况，在精神生活中也占有十分重要的地位”[①]。通过对民初大学生物质生活的探讨，可以窥探当时社会转型时期的时代特征。总体而言，当时学生的物质生活与其经济水平密切相关，呈现阶层分化明显的特征，经济条件较好的学校或学生，在服饰、饮食以及住宿等方面都相对较优，有些学校或学生则相对较差，在饮食上有一天仅吃两餐者，住宿条件也相对较差。在学生服饰方面，既有研究多关注大学生，尤其是女大学生在服饰方面，既引领社会潮流又因传统性别话语的期待备受舆论批评的“异态”，本章主要展现了当时大学生服饰的常态，从中可以看出当时大学生的衣着装扮整体来说是比较朴素的，但在西方服饰潮流和民族本位思想的影响下，呈现出东西方文化交融、传统与现代交织的特点，既有长袍马褂，也有西服和文明西装，女生的旗袍更是中西融合的代表。从学生膳食生活来看，当时学生食堂的管理模式体现出学生自主、自治的特点，这也带有鲜明的时代特征，学生饮食的内容也比较丰富，南方、北方各种菜系都有，表明当时各地经济交流也比较密切和繁荣。在学生住宿方面，当时大学普遍对学生的住宿管理比较严格，尤其是女生宿舍不仅严禁男生进入，即便女生进出也要受到极大的限制，这种对学生严格的时空限制，是教育工具化和使命化的重要表现。同时，别具一格的女生宿舍开放活动，也显示出在不少学校活泼、开放的办学风格，颇有时代特色。

---

① 雒有仓：《关于中国社会生活史的体系问题》，《淮北煤炭师范学院学报（哲学社会科学版）》2003 年第 3 期。

第五章　民国时期大学生的课外生活

课外生活无疑是学生生活中不可或缺的一部分。在课外，学生能够通过社会实践获取宝贵的知识和经验，这对于他们拓宽视野、陶冶性情以及提升综合能力具有不可替代的作用。同时，自由而闲适的课外活动也为忙碌而紧张的学习生活注入了乐趣，打破了学生日常生活的单调和乏味。在民国时期，大学生的课外生活尤为丰富多彩，包括积极参与社会服务、享受休闲娱乐活动、实现学生自治以及投身政治活动等多元体验。这些活动不仅锻炼了学生的能力，也丰富了他们的人生阅历。

第一节　社会服务

大学社会服务，是指大学在保证正常的人才培养和科学研究活动的前提下，依托大学的学术、教育和人才资源，向社会提供直接的、服务性、促进经济和社会发展的活动。[①]“社会服务”的概念源自西方，有论者指出“社会

① 眭依凡、汤谦凡:《我国高校社会服务30年发展实践研究》,《中国高教研究》2008年第11期，第18页。

服务四字，盖新名词也，其输入吾中国不过数年”，认为“社会服务实为共和国之根本”。[①] 社会服务理念的兴起与西方实用主义教育思想密切相关，尤其是杜威主张“教育即生活”“学校即社会”，将教育视为“有意识地推动社会进步”的引擎，推动“以透过学校教育来改善个人及社会”[②]，对近代中国大学社会服务思想的兴起有重要的推动作用。这些主张也暗合中国传统的经世致用思潮，是社会服务思想传入中国后能够迅速生根发芽的重要原因。除此以外，社会服务思想的兴起与当时的社会背景也有极大的关系。自鸦片战争以后中国主权沦丧，在亡国灭种的危机下，民众的科学文化素质普遍不高，这明显与救亡图存的时代主题不相符，于是诸多教育名家都认为大学生应该积极参与社会服务，肩负起领导民众，实现社会风气改良的责任，进而改变中国贫穷落后的面貌。例如，竺可桢就任浙江大学校长时，“就已意识到大学作为国家高层次文化载体，其教师和学生应成为先进文化和文明的代表，他们对社会的作用，不仅是依靠知识，尤在于人格的力量，值此国家遭受外国侵略之时，更要立下匡时救世的志向，表现出刚正无畏的气节”[③]。厦门大学校长林文庆更是明确提出：“我们大学，是责无旁贷，应具舍我其谁之慨，肩负起整饬社会思想、领导革命民众的重任。”[④]

在此背景下，“教育要培养出改造世界，改造现存社会的人，以此来推动社会经济、政治、文化等等的变化与发展”[⑤] 成为社会的普遍共识。为实

---

① 皕诲：《学生社会服务之研究序》，《进步》1914 年第 6 期，第 9 页。

② 林玉体：《美国教育思想史》，九州出版社 2006 年版，第 276 页。

③ 张彬：《倡言求是　培育英才——浙江大学校长竺可桢》，山东教育出版社 2004 年版，第 177 页。

④ 林文庆：《厦门大学十周年纪念的意义》，《厦门大学十周年纪念刊》。转引自严春宝《大学校长林文庆　一生真伪有谁知》，福建教育出版社 2010 年版，第 221 页。

⑤ 鲁洁：《论教育之适应与超越》，《教育研究》1996 年第 2 期，第 5 页。

现大学承担改良社会、服务社会的目的，其重要途径就是“让那些经过大学训练，具有知识和头脑的学生走向社会，服务社会，并进而达到改造社会之目的”[①]。在这样的教育理念下，民国时期的大学都普遍重视社会服务工作的开展。1924年《国立大学条例》规定“各国立大学设立各项专修科和推广部”[②]，更是以法规的形式确定大学的社会服务职能。当时大学的社会服务工作主要包括教育服务、农业服务、社会改良和赈济募捐四个方面。

一、教育服务

近代以来，随着民族危机的加深，思想先进的中国人认识到，只有通过教育提高全民族的文化知识，才能实现救亡图存的重任，将教育视为国家发展之根本。当时各个学校主要通过开办学校、出版普通读物、兴办图书室和举办通俗演讲、进行巡回演讲等方式开展工作。

在开办学校方面，当时大学生主要是组织平民夜校、暑期补习学校、校役夜班等。南京高等师范学校（后改为东南大学）的暑期学校是开展最早、持续时间最长、影响最大的，以1923年第四届暑期学校的报名情况为例，共有649人报名，学员来自全国18个省，甚至还有4位朝鲜学员[③]，可见暑期学校影响之大。清华大学的社会教育也卓有成效，“清华自有历史以来，素以社会服务发达自矜，在北京的学校，或者可以说全中国中关于社会服

---

① 张彬：《倡言求是　培育英才——浙江大学校长竺可桢》，山东教育出版社2004年版，第167页。

② 《教育界消息：教部国立大学条例之公布》，《教育杂志》1924年第3期。

③ 朱庆葆：《我的大学》，南京大学出版社2012年版，第47页。

务团体，由学生组织的，谁也不及清华”[①]，其“已著成效的如补习学校、校役夜学、成府职业学校、改良乡村教育研究所、三旗营书报室、车驴夫阅览所、平民图书室之类。我现在把校役夜学的情形略说一下。作为这类社会服务的代表，校役夜学并不只为教导本校校役而设，举凡清华园的清道夫，清华园附近的人力车夫，都可以报名入学的。每星期学生为他们授课三四小时，课程有国文、英文、算术、历史、地理、常识、卫生，等等。这种夜学创立于一九一三年，清华学校的校役在此得益不少”[②]。国立武昌高等师范学校在兴办教育方面也成绩突出，“国立武昌高等师范学校校友会，前岁创设之校役夜班，成效颇著，然仅限于一校之夫役，其他校外有志向学者，未免有向隅之叹。该校校友会为普及教育起见，特就该校附设贫民夜课，凡各界有志向学者，均可报名听试，以便编级。一切书、笔、纸、墨、电灯费均归该夜课发给担任，对于学者不索取分文”[③]。南洋大学创办义务学校，“学生约有六十人，分四班教授，一律不收学费。学生皆年长失学者，或为校役，或为工人，或为学徒，所有讲义皆自由编，以合于义务学校为标准”[④]。

在宣传演讲方面，当时各大学主要通过播放电影、幻灯片以及编写通俗读物等方式向民众普及各方面的知识。北京大学的平民教育讲演团活动产生的社会影响很大，当时他们的演讲很受欢迎，“本校平民教育讲演团，曾于本月三日至五日，每日下午一时至五时，在东便门内蟠桃宫讲演。是时黄

---

① 吴聪：《组织“清华学生社会服务团”》，《清华周刊》1923 年第 270 期，第 12 页。

② 吴景超：《清华学校学生生活》，《学生》1922 年第 7 期，第 35 页。

③ 《贫民夜学之扩充》，《国民新报》1920 年 3 月 9 日，载张影辉、孔祥征《五四运动在武汉》，湖北人民出版社 1981 年版，第 258 页。

④ 《社会服务》，《学生杂志》1923 年第 1 期，第 6 页。

沙满天，不堪张目，而其听讲者之踊跃，实出乎意料之外”①。正如他们对自己的评价一样，“我们讲演团成立在三月初间，不到两个月，居然有‘五四’的运动、‘六三’运动。这虽有其他团体的活动，但是我们同志讲演的影响也就不小了。从此猛勇进行，那效果一定无限”②。清华大学注重通俗演讲的开展，“本校图书馆购置通俗演讲之幻灯影片数百种，每逢星期六晚乃有幻灯演讲，团务之发展此实为一大原因。五四运动发生，同学亟亟于救国事业，通俗演讲，风行一时，概由学生代表团主持”③。金陵大学曾编辑出版普及类小册子读物 77 种，通过这些通俗易懂的小册子向民众普及科学文化知识。燕京大学也十分注重这种宣传工作，“在文字宣传方面，有《孕妇须知》及印刷品多种，分赠乡民，并在《清河旬刊》刊登有关系之文字”④。沪江大学为开展社会服务工作专门成立社会服务团，下设教育部、卫生部、调查部等部门，“教育部专以教授附近校址之乡村儿童或年长失学者以及校中仆役，调查部专以调查附近乡村人民生活情形及习俗，翻译部专以翻译有实用之书籍为浅近文字或白话以备教育部教授之用，知村部与附近乡民交际、互通声气，俾互相助力为归，游嬉部专以指导乡村儿童及校中仆役以正常之游嬉为宗旨”⑤。

---

① 《本校布告：平民教育讲演团启事》，《北京大学日刊》1920 年 10 月 12 日第 2 版。

② 彦奇主编：《中国各民主党派史人物传》（第 2 卷），华夏出版社 1991 年版，第 19 页。

③ 《社会服务》，《清华周刊》1921 年纪念号，第 20 页。

④ 章元善、许仕廉：《乡村建设实验》（第 1 集），中华书局 1934 年版，第 88 页。

⑤ 《沪江大学之社会服务团》，《小时报》1917 年 3 月 4 日第 13 版。

二、农业服务

近代以来，在西力的冲击下中国的农业发展不断衰败，农民生活困苦不堪，农村问题成为社会各方面广泛关注的社会问题。面对农业衰败凋零的景象，不少有识之士认为学习西方先进的农业科技是振兴农业的必由之路。在20世纪二三十年代复兴农村的社会舆论下国内的公私立大学纷纷参与到农村改造的事业中，在农业品种的推广与改良、农业知识和技术的传播、病虫害防治等方面发挥了重要作用。

在农业育种方面，当时对主要的农作物品种如大麦、小麦、水稻、棉花都进行品种培育与改良，如金陵大学培育的小麦、大麦、高粱、棉花、玉米、小米新品种在农民中广受欢迎，其中小麦26号和小麦金大2905号种子延种十余年。[①] 中山大学农学院最早采用杂交育种方法育成“中山一号”水稻杂交种；南京高等师范学校在大胜关农场先后培育成“东莞白”“江宁洋籼”等优良水稻品种；北平大学农学院选育出“杂206”优良杂交玉米种子；金陵大学农艺系培育的“金大332”大豆；燕京大学农艺系育成的金大燕京206、236玉米良种；东南大学、南通大学等各棉作农场育成青茎鸡脚棉、小白花棉、孝感长绒棉、江阴白皮棉等优良棉种等。[②] 这些优良农作物品种的培育和推广提高了农作物的产量，促进了农业的发展。

在农业技术推广方面，通过加强农业科技人才的培养、农业科技宣传和农业技术服务等方式促进了农业技术的推广。例如，中山大学农科下面设立

---

① 参见张剑:《金陵大学农学院与中国农业近代化》,《史林》1998年第3期，第87页。

② 参见李瑛:《民国时期大学农业推广研究》，华东师范大学博士学位论文，2011年，第77—78页。

推广部开展蚕桑和林业推广服务，先后在梅县、高州、清远等县举办学习期为一年的蚕业巡回讲习所，培养技术人员上百人。[①]金陵大学经常与学校、教会和社会团体合作，利用庙会、茶馆等场所举行演讲会、展览会，进行农业改良方法之宣传。[②]齐鲁大学龙山农村服务社举办农事讲习所，采用演讲与播放农业电影相结合的方式，吸引农户参加，取得了良好的效果，通常每村都在500人以上。[③]浙江省因农户饲养知识欠缺、墨守成规以致蚕丝事业未见起步，于是浙江大学农学院特派蚕业班同学分赴各地指导，促进了养蚕业的发展。[④]东南高师在各地组织青年植棉团、展览会、讲演团，在每年12月农闲时节举办各种活动，向农民普及农业科学知识，还曾与电影厂联合摄制农业改良电影，出版推广各种农业知识的书刊等，促进农业科学知识的传播和推广。[⑤]

在病虫害防治方面，中国传统的病虫害防治只能采取最简单的人工防治方法，民国时期的高校农科专业师生专门从事虫害的调查与防治工作，采用科学的方式防治病虫害极大地减轻了农民的负担，如江苏徐海两属素为产蝗最烈之区，中央大学农学院于1928年与江苏省政府之昆虫局合作，在两个

---

① 参见张耀荣主编：《广东高等教育发展史》，广东高等教育出版社2002年版，第82页。

② 张剑：《金陵大学农学院与中国农业近代化》，《史林》1998年第3期，第88页。

③ 阎克烈：《山东龙山农村服务社现况》，《农林新报》1933年第9期，第168—169页。

④ 《浙江大学农学院将派育蚕指导员分赴各地》，《浙江教育行政周刊》1930年第26期，第4页。

⑤ 费旭、周帮任编撰：《南京农业大学史志》（内部资料），1994年，第160页。

月内消灭蝗虫1500余万石。[1]金陵大学农学院在苹果、烟草和小麦的病虫害防治方面取得了良好的效果，建立农情报告制度及时了解各地的虫害问题，进行指导。其他如南京高等师范学校于1921年受省政府委托成立江苏昆虫局开展病虫害调查、防治工作，受全国面粉公会委托设立小麦试验场进行小麦品种改良研究，受全国桑蚕改良会委托进行蚕桑实验，受全国纱厂联合会委托办理植棉试验场开展植棉改进工作等。[2]

当时为促进农村科技的普及与推广，不少学校还设立农事试验场，当时比较著名的有金大农学院农事试验总场、乌江农业试验分场、开封农事试验场、定县农事试验场、青州农事试验场、铭贤农事试验场、周村农事试验场、江苏小麦试验场、燕京作物改良农场等。在农事试验场内进行农作物新品种的改良、培育与推广，并定期开展农事试验和推广经验交流，促进了农业科技的普及与发展。随着民国时期大学参与农业服务工作的深入，不少学校还将农事试验场扩充为农业推广实验区，壮大农事实验的规模和区域，在实验区内除进行种子的改良、培育及推广和农事实验与交流外还兴办乡村教育。

三、社会改良

为深入改造中国社会，大学生除进行社会教育和农业科技推广外，还在农村进行卫生制度、社会风俗、正当娱乐等方面的改良，对于促进社会各项事业的发展起到了积极的作用。在农村娱乐活动方面，据黎原回忆："当

---

① 尤其伟：《中国虫害问题及其解决之我见》，《农学杂志》1928年特刊第2期，第52—53页。

② 参见《纪东南大学暑校欢迎会》，《申报》1922年8月8日第10版。

时农村文化生活非常贫乏，主要就是说唱大鼓书。偶尔有要猴子的人来镇上表演，此外就没有什么文化娱乐活动了，所以镇上赌博成风。大庙和迎官馆前的大街上，每天聚集着很多人赌博。穷人玩的主要是押宝和推牌九，有钱的富户就在家里打麻将。平时赌博的人就很多，大人小孩都有，逢年过节就更厉害了。我小时就偷着用大人给的零花钱去押过宝，为此还换过母亲的打。赌博还引起很多社会问题，赌输了以后，不服气的就会打群架，还有偷盗的。有些人因赌博输光了家产，妻离子散。"① 因此，当时大学生为移风易俗，"很希望把他们引到正当的娱乐上去，免得他们自己戕伐他们的身体和精神"②。为此，不少大学致力于新式娱乐项目的推广，如齐鲁大学在龙山地区进行社会服务时设立有沙袋、掷圈、木球、象棋、陆军棋、跳棋、笛、手风琴等运动及娱乐项目，并且还准备设置铁杠、双杠、棒球等项目，"渐试农民之所好，再拟增减，并设法吸引及指导农民以正当娱乐"。③ 燕京大学为农村地区表演新旧戏剧、举办音乐会以及进行武术表演，大力提倡球类运动；清华大学也经常举办面对贫民的游艺活动，主要包括电影、音乐会等，以此培养农民健康的兴趣爱好，锻炼其体魄，陶冶其情操，以有利于人格之完善。

在卫生服务和医疗救助方面，大学生经常开展各种形式的卫生宣传，并在农村地区进行医疗救助。1929 年 5 月 15 日，国民政府举行全国卫生运动，厦门市各界在中山公园开会，厦门大学"于是日停课一天，全体学生整队参加，上午九时出发，至午后始行返校"④，积极参与卫生宣传运动。金陵大学

---

① 黎原：《先辈丛书·回忆录卷：黎原回忆录》，中共党史出版社 2022 年版，第 30 页。

② 秀：《提倡正当娱乐》，《清华暑期周刊》1935 年第 6 期，第 45 页。

③ 章元善、许仕廉：《乡村建设实验》（第 1 集），中华书局 1934 年版，第 183 页。

④《校闻：本校全校参加卫生运动》，《厦大周刊》1929 年第 206 期，第 10 页。

在乌江设立农民医院6所，1933—1934年受诊人数为9508人，并进行传染病防治、乡村卫生、沙眼治疗、产妇接生、疾病治疗等方面知识的宣传。[①]燕京大学在清河设立医院，并且与当地小学合作通过张贴标语、进行卫生演讲等形式开展灭蝇运动，进行助产工作宣传，据报道："实验区1933—1934年接生120多个，均获安全。人民信仰西法产者日深，因之请求助产者日多。又医院设有妇产科，置有产床数张，设备完善，乡民称便。"[②]齐鲁大学在龙山开展社会服务时，"于演讲谈话时，对于卫生一层，无不竭力鼓吹，如饮食、睡眠、居室衣服以及沐浴劳息……应如何注意，耳目牙齿等如何保卫，蝇蚊以及传染病疫之微菌，应如何防御，尽为缕之"[③]。

四、赈济募捐

在社会赈济方面，民国时期自然灾害频发，战争频繁，高校学生通过组织募捐，参与救灾服务等形式积极参与赈济工作。1920年，北方五省发生旱灾，当时在京高校学生会忙于国民大会之事，五省旱灾救济会函请在京学校学生会，要求派人分赴各省实地调查灾况以便分别施赈，于是学生会分其余热以忙救济会事，"连日学生干事大有饭吃不得之概"，当时学生会出调查员二十人，分为十组前往各地调查灾情。[④]可见，在赈济机构看来学生力量已经成为参与赈灾的重要组成部分。就各个高校而言，当时在参与社会赈

① 张德明：《民国大学与农村改良：乌江农业推广实验区述论》，《农业考古》2022年第4期，第56页。

② 郭占峰、郭悦悦：《从认识社会到改造社会：高校服务乡村振兴的行动转向——基于"清河实验"的思考》，《中国农业教育》2021年第6期，第26页。

③ 郑子修：《龙山三月记》，《进步青年》1928年第109期，第92页。

④ 《京学生会救灾忙》，《时报》1920年9月22日第3版。

济时都非常积极。1931 年，江南地区发生水灾，大夏大学学生自治会积极筹款赈济水灾，当时学生自治会议决“将二十年度各同学所剩下之学生会费悉致助赈，此外分头募捐。请诸同学自由捐助，平均每人最少可达一元”，同时鉴于此次水灾人民受害严重，还专门致电中央请求“对于灾区失学青年，予以相当救济”。[①] 沪江大学的学生在 1931 年的赈灾期间，“和全国的团体一般，有募捐的运动，有演剧的筹款，有收集旧衣服的举动。全校上下一致，努力捐输，所以成绩甚有可观。最近且更进一步，全校吃素三天，把吃素省下来的钱也用在赈灾。这种实行‘节衣缩食’的精神，是何等的令人可敬可仰呢”[②]。1935 年，黄河在鄄城决堤,30 余万灾民流离失所，齐鲁大学师生积极参与疫病防治工作，为难民接种天花、白喉疫苗，开展除虱运动，并且还为难民购置蔬菜，工作成效突出，得到山东省政府、教育部以及社会各界人士的广泛好评。[③] 清华大学的学生在救灾服务上也表现得比较积极，“一遇社会需要他们的工作，他们就出而担任。不说别的，只说去年和今年的救灾一事，去年华北旱灾，各地需人工作，国际统一救灾会和美国红十字会总不时地问清华要人，清华学生也总毅然地答应前往，前批回来了后批去接着。这儿事情办完了又到那儿去办，我们的工作人家总算还肯赞赏。所以今年华洋义赈会在安徽山东办赈务，又到清华来调人了，第一批出去的近二十人，是在春假前离校的。现在他们还嫌不够，从山东连打了几个电报来要人，于是第二批近二十人又要出去了。清华的学生在外面做事好处只是吃得苦，肯得做，靠得住，现在的青年学生到社会里去服务，大概都能表现这几种善德，

---

① 《学生自治会积极筹款赈济水灾》，《大夏周报》1931 年第 1 期，第 18 页。

② 文贤：《沪江大学学生吃素赈灾》，《希望》1931 年第 15 期，第 237—238 页。

③ 马琰琰：《向何处走：齐鲁大学发展路径研究（1927—1949）》，山东大学博士学位论文，2017 年，第 113—117 页。

不过清华的学生平日训练多些，经验丰富些，也许因此就表示得格外显著，所以就博得人家的赞扬了”①。

每当国难之际，大学生积极募捐物资支援前线将士，表现出极大的爱国热情。1931年，九·一八事变之后，各大学也都组织学生积极为前线的东北抗日名将马占山募捐，当时交通大学募捐858232元，复旦大学募捐344655元，暨南大学募捐172579元，中国公学募捐84787元，大夏大学募捐175144元，中法工学院166311元，大同大学募捐104980元，还有不少其他高校募捐，合计共募捐超过三万余元。②1932年，淞沪抗战期间，燕京大学学生会以全体同学名义致电慰问十九路军将士，并且号召全体同学每人捐献一元慰劳前线军队，同时还联络北平各学校举行扩大募捐运动。③天津工商大学学生鉴于山海关抗战期间，将士们舍身御敌需用钢盔，发起募捐定制钢盔运动，合计共募集大洋三百六十余元，制作钢盔二百五十余顶，送交宋哲元部。④1936年，绥远抗战期间，浙江大学的学生积极为前线将士募捐以纾国难，“此次绥远告急，浙大学生为援助前线将士，曾经尽了最大的力量。每人自动捐出一元以上的款子，到民间作扩大宣传及募捐，联合杭市各大学开援绥游艺会，农学院同学举行援绥菊花展览，将门票及出售菊花所得，悉数汇送前方，这种精神者值得钦佩的”⑤。

从当时大学生的课外生活来看，社会服务在其日常生活中占有很大的分量，当时的大学师生抱着改造社会的满腔热血，投入社会服务的事业中，希

---

① 吴景超：《清华学校学生生活》，《学生》1922年第7期，第35—36页。
② 《大学生募捐援马总数逾三万余元》，《时报》1931年12月7日第四版。
③ 《燕大学生昨讨论沪变问题》，《河南教育日报》1932年第235期第2版。
④ 《天津工商大学学生募捐定制钢盔》，《我存杂志》1933年第3期，第105页。
⑤ 马文农：《浙江大学学生生活》，《青年月刊》1937年第1期，第77页。

望通过社会服务和各种社会试验改变中国贫穷落后的面貌。然而中国幅员辽阔、人口众多，政局动荡、战争频繁、经济发展落后，有些问题积重难返，其解决深受半殖民地半封建社会性质的制约，非仅凭大学生的一己之力能够改变。当时大学生在开展社会服务的过程中也存在人力、财力不足，组织不够完善等问题，这难免会影响社会服务的成效。因此当时大学生进行的社会服务虽然取得成绩，但也存在一些不足，特别是相对于幅员广袤的中国来说，这些社会服务工作无异于杯水车薪。即便如此，当时大学生们热心社会服务的精神和理念是值得肯定的，其在社会服务过程中取得良好成效的方法值得学习、借鉴和推广。

第二节　休闲娱乐生活

休闲娱乐是普通人日常生活的重要组成部分，通过休闲娱乐活动可以起到愉悦身心、锻炼身体，提升生命质量的作用，因此休闲娱乐生活也构成大学生日常生活必不可少的部分。当时大学生的休闲娱乐活动丰富多元，据抽样统计显示，当时学生最喜欢的娱乐活动分别是体育运动（27%）、音乐（27%）、文艺戏剧（17%），以及摄影、参观、看电影等其他娱乐活动（29%）[①]，他们在丰富多彩的休闲娱乐活动中绽放出别样的青春。

---

① 顾琢人：《大学生之娱乐指导》，《教育季刊》1941 年第 2 期，第 16—17 页。

一、体育运动

体育运动既可以锻炼身体又可以磨砺意志，当时很多学校十分注重体育课程的设置与推广，并施行强迫体育制度，因此不少学生在课余时间都积极参加体育运动。圣约翰大学规定学生每天早晨要完成15分钟的哑铃操，每逢周一、三、五还要进行军事体操练习。[①] 据在圣约翰大学读书的徐善祥回忆，学校规定学生每天必须在规定的时间内锻炼身体，下午4点以后虽被称为"自由活动时间"，但其实就是"强制运动时间""一任学生自由，踢毽子、跳绳索、放纸鸢皆为通常之游戏""凡遇周一、三、五下午四时半至5时半，群至操场参加军事操演，只遇天雨才免"。[②] 在厦门大学体育课不仅是必修课，学校还在1925年采取"早操+体育达标"的方式，通过强迫体育制度将学生的早操出勤率和运动达标率与学生的毕业文凭相挂钩。[③] 南洋大学校长唐文治竭力提倡体育运动，"从民国四年（1915年）起，更实行强迫运动。各级学生必须报名加入，至少一种运动，如拳术、童子军、球类等，如有都不愿加入的，便必须每日有普及运动"[④]。

再如，南开大学除军训和体育课外，也"实施一种稍带强迫性的普遍的'课外运动'。根据规定，这种运动的举行，是在每日下午的四点四十分至五点半，每星期每人至少要参加三次，在运动期间，所有应做实验室的工

① 王忠欣：《基督教与中国近代教育》，湖北教育出版社2000年版，第55页。

② 徐善祥：《"约大"的回忆》，《圣约翰大学1879—1929五十周年刊》，1929年，第11页。

③ 《体育部消息汇志》，《厦大周刊》1925年第10期，第121页；《体育部消息》，《厦大周刊》1927年第11期，第172页。

④ 南洋大学编：《南洋大学学生生活》，1923年，第72页。

作，都要停止……所以每天的下午，在南大的连动场上，真是充满了一般生龙活虎的青年，来从事种种的课外运动。此外以各院、各班、各系，或因志同道合，以及地域的关系而组织的各种球队，或健壮身体的团体，也是很多很多的”[①]。浙江大学“体育课程是很严格的，在冬季有健身操——包括垫上运动、腾跃运动、支持运动等，夏季训练游泳，春秋季节练习田径及球类，正式上课时开以外，每周有两次课外运动，每学期开始时全校经过一次体格操查，观测学生体力体能的进步”[②]。从上文可以得知，不少学校非常重视体育课程，在强迫体育制度下不少学生在课外时间积极参加体育锻炼，取得不错效果。

在对体育锻炼的大力提倡下，不少学校形成热爱体育锻炼的风气（见图 5-1）。例如，清华大学的体育可以说是全国闻名，“无论清华念几年，体育课是每年必须要上的，一星期两次，风雨无阻，体育不及格，照样毕不了业，天冷的时候，在室内，两个大体育馆，一个游泳池，由教员领着，跑圈、跳木马、单杠、双杠、游泳等，慢慢地都学到了。天暖的时候，在外面太阳光下，跑跑跳跳，打网球，踢足球，打篮球，教员领着，无不眉飞色舞地干着，每季末举行一次测验，由跑跳以至于掷重，样样都要玩到。然后把各项成绩平均起来，作为结束，所以在清华大学读书四年，除了学术进展外，还能得一个好体格呢”[③]。同济大学的学生也热爱参加体育运动，“铁杠、双杠、秋千那边，常常感到‘客满’。早晨太阳还未出来，在武术场里，就有人捷足先登，打太极拳，推沙袋，举石、大刀，更有一群同学，欢喜玩中古时代的武器……在大礼堂后面，有一所露天游泳池，盛夏时节，泳者颇不乏人，而且也可找到玉腿粉臂，如果欢喜欣赏的话，你不妨跑过去仔细瞧

① 傻洒：《天津南开大学学生生活》，《青年月刊》1937 年第 4 期，第 55 页。

② 马文农：《浙江大学学生生活》，《青年月刊》1937 年第 1 期，第 77 页。

③ 王正海：《清华大学学生生活剪影》，《新青海》1936 年第 4 期，第 36—42 页。

瞧，看‘美人鱼’之类要有代价，而这里可不用你破钞”①。

图 5-1　上海大夏大学女子篮球队和学生打篮球情景
（资料来源：《良友》1929 年第 36 期）

浙江大学“在学校当局的鼓励提倡之下，学生对运动发生兴趣。在课外，网球运动似乎是最普遍的了，平日场子总没有空闲，就是在大考期间，也有人在冰冻的场地上舞着网拍呢。每天清晨，许多同学都沿着跑道的圈子跑步，或做些柔软体操，更有几位爱国的朋友，脱尽火气似的打着太极拳。而每天晚上，强烈的电光照射着的健身房里，常常有篮球友谊比赛的举行，一群人围在那儿呐喊助战”②。华中大学“在体育方面曾经执过武汉的牛耳，但因功课的忙碌，所以无形中体育空气沉下去，个个在书本上加足了马力，而对运动毫不关心；今年就大不相同了，学校当局特请了专门体育教员对于体育有一个完整的计划。各种球队也相继产生，最精壮的要算男生排球队了，它的成立虽只几个月，但战无不胜，攻无不克的，武汉的代表队也要甘拜下风，其实力就可想而知矣”③。中国公学体育设施齐全，“有足球场一，

① 王黎：《同济大学学生生活》，《青年月刊》1937 年第 6 期，第 28 页。
② 马文农：《浙江大学学生生活》，《青年月刊》1937 年第 1 期，第 77 页。
③ 端方：《武昌华中大学的学生生活》，《学校新闻》1937 年第 69 期，第 8 页。

笑”[①]。华中大学“在音乐方面有歌咏团的组织，先后表演多次，也得社会一般知音者的好评，汉口市广播电台也去过几次，所唱的都是世界著名音乐家的有价值作品”[②]。

文艺戏剧在大学生中间也颇受欢迎，不少学生热衷于表演戏剧和看戏。例如，东吴大学的东吴剧社就比较出名，经常表演有启迪意义的戏剧，并且面向社会演出，如1918年在约翰堂演出《荆花劫》《空谷兰》；1921年春在苏州全浙会馆演出《什么是解放》《到底哪哼》《人间地狱》；1921年秋在青年会上演《好买卖》《美人剑》；1922年在苏州学生联合会游艺会上演《新村正》；1924年夏在健身房演出《间接结婚》《小姐失踪》；1925年春在演出《好妹妹》《孔雀东南飞》等剧目，“类皆动人深长思者”[③]。南开大学在校长张伯苓的积极推动下，于1914年年底成立南开新剧团，剧团成立后经常开展戏剧演出，深受学生好评：“学生于求学之外，又得此精深之阅历，皆足使朋友称之，亲戚悦之，名誉因之远振，精深愈觉发扬。则凡人是团者，莫不努力苦思，以求显露于小舞台之上，交赞于数百人之口，是则学生与功课之外，又知所以善处境遇，自励流芳矣。噫嘻！此因吾学生数百人期年所乐遇之大好机会，校长张伯苓先生所乐道之精神教育也！”[④]

至20世纪20年代，随着戏剧产生的社会影响愈加广泛，不少大学设立戏剧社，“北方如燕大、艺专、南开，南方如复旦、大夏、中工、交大、光

---

① 陈棣华：《武汉大学学生生活速写》，《青年月刊》1936年第3期，第61页。

② 端方：《武昌华中大学的学生生活》，《学校新闻》1937年第69期，第8页。

③ 苏州历史文化研究会编，王国平、李峰主编：《苏州历史与江南文化》，苏州大学出版社2020年版，第228页。

④ 曹中毅：《说吾校演剧之益》，载夏家善、崔国良、李丽中《南开话剧运动史料：1909—1922》，南开大学出版社1984年版，第11页。

华、金陵、中大等各大学的剧团，在历次的表演中，都收到相当的成绩”[①]。北京的交通大学、北平大学、中国大学和女师大的戏剧爱好同学，甚至还于 1928 年 10 月跨校组织“戴娜剧社”，该剧社在第一次公演时演出莫里哀的《吝啬人》和丁西林的《压迫》，以小剧场实验演出作为号召，先后上演《醉了》《父归》《咖啡店之一夜》等多出剧目在学生以及社会上产生广泛的影响。[②]除此之外，还有不少学生热衷于去戏园子听戏，当时有人用讽刺的笔调揭示了他们痴迷于听戏和捧角的生活状态：“今天白天游艺园碧云霞演‘天女散花’，晚上新新世界琴雪芳做‘桑园会’，他们消息真是灵通。到了下午和晚上便不在家了，二元五角一位的四座厢他们要包，一元钱的小费他们乐花，因为他们到了碧云霞或琴雪芳出台时，齐声叫一怪声‘好’，手掌便啪啪地响起，闹得四座惊骇起来，而被捧的伶人便娇滴滴地把她的秋波送到他们捧角大家的厢里。那时便很满足的咯咯地笑起来，伶人说一句话也叫‘好’，手或足动了一动也叫‘好’，邻座不耐烦，‘嘶’了他们，可是不以为羞，甚至自己不会弄笔墨，也要请人代做一篇很艳丽的诗词去赠伶人，或者寄到无聊的报纸上去发表。”[③]

三、消极娱乐活动

除上述这些娱乐活动外，当时学生们的娱乐生活还包括看电影、散步、下棋、摄影、讨论、旅行、听无线电、美术、摄影、打牌、聚餐等。虽然当

---

① 阎哲吾：《学校戏剧概论》，中央书店 1936 年版，第 1—2 页。

② 参见冯远、陈瑞林主编：《二十世纪中国艺术》（下），上海人民美术出版社 2012 年版，第 658 页。

③ 李文方：《我的环境——北京学生生活的一部》，《学生杂志》1924 年第 9 期，第 83—85 页。

时学生的娱乐生活总体来说积极向上，但不可否认的是，当时学生日常娱乐活动中也有一些消极因素，如热衷于社交、赌博、打牌、嫖妓、舞厅跳舞等不良活动。曾有人对当时北京大学中无意义的生活进行揭露："第一，赌。这要算北京大学学生中间最普遍的生活。哪一个公寓里不打牌？哪一场牌不打个通宵？寄宿舍里打麻将牌不便当，打扑克却很便当了。不过有逢礼拜六或礼拜日才打一次的，有不问礼拜几都打的，有几百个铜钱输赢的，有几百块洋钱输赢的，其间不过分个百步五十步罢了。第二，听戏。北京是旧戏迷的根据地，学生——尤其是北京大学的学生，便更是戏迷的中坚！除掉他们中间的少数'优秀分子'，够得上戏评，结识优伶外，其余的二、三等角色，也常常坐于不卫生的池子或包间里高声大叫其好，回到寄宿舍或公寓里来更拉着胡琴张着目唱着'小东人，闯下了……'或是'天作保来，地作保……'第三，嫖。既存了以拥妓为风雅的心，又加上许多无聊的朋友引诱，就不能不常上八大胡同逛逛了，起初是'目中有妓，心中无妓'，久之便以'赴部报到'为日课，再过了几时便要实践其'知行合一'的主义了，北京大学的学生享过'留髡'的艳福的虽很少，然而做过'边臣'的却很多，竟有头等逛不起，便逛二等，以为'慰情聊胜于无'的。"① 这里说的虽然是北京大学，但这种不良倾向在当时大学生的娱乐生活中还是带有一定的普遍性。

当时大学生还普遍热衷于跳舞，特别是在经济繁荣、大学生数量众多的上海。有人称当时"上海的跳舞场的顾客，除了洋行办事的半绅士们外，其次最多的就是大学生。有一些大学生甚至于终夜沉醉在音乐的旋律里，花钱挥霍之外，白天简直游于梦想，上课那是与他毫无关系。星期六之夜舞场跳

① 谬金源：《北京大学的学生生活》，《学生》1922 年第 7 期，第 1—2 页。

到天亮，有上课的大学生在这一夜上跳舞场跳舞，据说还有用功的学子”[1]。除此之外，有些女学生浓妆艳抹出入舞厅，甚至自甘堕落成为舞女；有些学生沉溺跳舞入不敷出，以致盗窃他人财物等。面对这种情形，当时社会上不断有禁止大学生跳舞的呼声，1933 年 10 月上海各大学联合会议决：“‘严禁学生入舞场跳舞，议决与市政府合作，共同查禁，犯者予以严惩。’至其实施办法，谓由市府派警轮流往各舞场巡查，遇有学生在跳舞场者，立加逮捕，各学校派员赴舞场日夜视察，遇见学生，即记名报告该校当局，予以严厉至处分，不稍宽待。”[2] 这使禁止大学生跳舞一时成为众所瞩目的社会焦点问题。当时各学校和行政当局之所以禁止大学生跳舞，最主要的还是随着日本对中国侵略的加深，民族危机日益严重，时人普遍认为在此国难之际，绝非国人宴酣歌舞之秋，尤其是“大学生为国家的精髓，他所负的责任是何等重大”，倘若沉迷跳舞“在求学时代以宝贵之光阴与精神，挥霍于纸醉金迷之中，是何等痛心的事啊”。[3] 这表明学生的娱乐活动深受政局变动影响，在民族主义下学生的娱乐活动必须符合时势大局。

综上所述，当时大学生的休闲娱乐生活是丰富多彩的，虽然其中不乏一些消极因素，但总体来说是积极向上的，这些内容共同构成当时大学生色彩斑斓的休闲娱乐生活的全部。

---

① 文里：《大学生跳舞》，《申报》1934 年 2 月 23 日第 17 版。

② 《禁舞问题宣言》，《申报》1934 年 11 月 24 日第 11 版。

③ 贯一：《禁止大学生跳舞之我见》，《交大学生》1934 年第 4 期，第 11 页。

第三节 自治生活

所谓“学生自治”，就是指学生自己组织起来管理自己的事务。现代大学的学生自治制度起源于英国，发达于美国。中国本土大学自诞生以来在专制思想的影响下，学生的管理权操诸学校，由教职员和学监、舍监管理学生，“监”即蕴含监督、监视之意，强调学生的纪律和服从。民国时期沿用这种管理模式。然而辛亥革命后共和体制的建立，使学生的管理模式逐渐突破专制的樊篱，学生自治思潮逐渐兴起。这主要是传统教育管理模式的弊端，杜威来华的影响，梁启超的“新民说”和陈独秀“新青年”思想的影响，以及民初地方自治实践的示范作用等多重因素的共同作用。其中不容忽视的是五四运动的影响，“‘学生自治’无论是在理论形态还是实践层面上，都是五四运动的直接的产物，是五四运动所激发的自主意识增长的结果”，①自此以后全国各大高校普遍设立学生自治组织，以致学生自治会成为“举所有学校之都市，所有学生之学校，视同必需，否则即足以显示其无人”，②可见当时学生自治在学生心目中的地位。

对于学生自治的意义，当时的报纸杂志发表了大量的文章进行讨论，下文仅以当时影响较大陶行知和蒋梦麟关于学生自治的相关论述进行简要介绍。陶行知从“共和国的根本与未来”的高度阐释此问题，他指出“今日的学生，就是将来的公民”，“中国既号称共和国，当然要有能够共同自治的公民”，因此“从我们国体上讲，我们学校一定要养成学生共同自治的

---

① 张继才:《二十世纪20年代“学生自治”图景——〈学生〉杂志所反映的“学生自治”》,《教育研究与实验》2013年第5期，第38页。

② 陈兼善:《学生参与学校行政论》,《教育杂志》1924年第9期，第1页。

能力，否则不应算为共和国的学校”；他认为学生自治如果办得妥当有以下四个好处，“学生自治可为修身伦理的实验”“学生自治能适应学生之需要”“学生自治能辅助风纪之进步”“学生自治能促进学生经验之发展”。[①] 蒋梦麟认为，“学生自治，并不是一种‘时髦’的运动，并不是反对教员的运动，也不是一种机械性的组织。学生自治，是爱国的运动，是‘移风易俗’的运动，是养成活泼的一个精神的运动。学生自治，要有一个爱国的决心、‘移风易俗’的决心、活泼的勇往直前的决心”，并认为学生自治有四大责任，即“提高学术程度的责任”“公共服务的责任”“产出文化的责任”“改良社会的责任”，[②] 换言之，学生自治能达到上述四个目的。可见，在当时看来实行学生自治对于新国民的养成，以及促进学生参与学校和社会改良、建设具有重要意义。

学生开展自治活动必须有某一组织为依托，当时学生进行自治的主要团体组织是学生自治会或学生会。关于自治会与学生会的区别，以北京高等师范学校为例，“（1）学生自治会。此会成立于民国八年（1919 年）11 月 14 日，此会未成立之前，学校训育之全权操诸学校方面，及此会产生，学校方面，把学监制废除，从前关于训育的事项，现在大半由此会处置……（2）学生会。此会在五四运动的那一天成立的，当时成立的原因是为联合北京各学校，力争外交。但后来做的事体，实不只这一端。如为教育经费问题，教潮问题，也尽了极大的力量……”[③] 即学生会主要代表全校学生从事校内外的交际工作，着力于“学生运动”；学生自治会则主要从事学生训育工作，侧重于学生日常事务的管理。然而也并非每个学校都是如此，有些学

① 陶行知：《陶行知文集》，山西教育出版社 2021 年版，第 240—246 页。

② 蒋梦麟：《蒋梦麟述怀》，商务印书馆 2019 年版，第 54—55 页。

③ 黄公觉：《北京高师的学生生活》，《学生》1922 年第 7 期，第 16—19 页。

校学生会也履行学生自治会的职权或者二者职权混一，如上海大学南洋学校的学生会，“学生会是代表群育的，凡关于学校中膳务、舍务事宜，学校外各学校间社会运动事宜，学校消息传于校内学生及校外各报事宜，附近失学贫民及幼年失学的校役等教育事宜，及学生运动中关于国家问题、国际问题的，皆由学生会办理”①。及至国民政府成立，于1930年颁布《学生自治会组织大纲》规定，学生自治会为各中等以上学校的学生自治机关，并要求“所有公私立各级学校原有学生会，应自本学期起，遵照中央新颁发学生自治会组织大纲，一律改组”②，这样一来，高校的学生自治事宜基本都由学生自治会负责（见图5-2）。

图5-2 沪江大学学生自治会执行委员会
（资料来源：《沪江年刊》1928年第13卷）

① 陈广沅：《交通大学上海学校学生生活》，《学生》1922年第7期，第40页。

② 《令各省教育厅、特别市教育局、国立大学及专科学校、已立案私立大学为通令公私各级学校应自本学期起各将原有学生会遵照中央新颁学生自治会组织大纲一律改组由》，载李景文、马小泉主编《民国教育史料丛刊》（中国教育事业，第350册），大象出版社2015年版，第497页。

学生自治会成立后在学生自治事务上表现积极，不仅负责日常生活食宿的管理，组织课内外活动，还组织学生参加校外社会服务活动，这从当时学生自治会的内部机构设置也可以看出来。以清华大学的学生自治会为例，自治会下设总务科、秘书科、交际科、卫生科（食堂、洗衣局、理发所）、财务科、民众教育科——民众学校、课外作业科、出版科——周刊社、消费合作科——消费合作社，此外特种委员会还下设选举委员会、交通委员会、××救国委员会、组织学术团体委员等。[①] 再来看看南洋大学的学生会组织，在学生会执行委员会下面分设总务部、体育部、言语部、膳务部、游艺部、通信部、教育部——南洋义务学校、消费部——南洋消费合作社、出版部——南洋周刊社等。[②] 其他学校也都基本如此，分别设置有各类负责学生日常事务管理与服务的机构。

当时在自治思潮下学生们认真履职，努力维护和争取学生的利益，如当时食宿是影响学生日常生活最大的事情，各个学校基本都设有膳食委员会、膳食股、膳食合作委员会和斋务委员会专门进行管理，如东南大学学生自治委员会对食物的质量标准、烹饪方式、卫生要求、食堂环境、惩罚举措等都做了细致的要求，并全程参与监督、管理，确保学生的饮食健康。在校内活动方面，学生自治会大力提倡和鼓励学生组织各类学生社团，邀请名人讲演、开运动会、举行演讲辩论、编排各种杂志，使各类学生活动开展得轰轰烈烈，校园内呈现生机勃勃的景象。在社会服务方面，组织学生通过暑期学校、平民学校等方式开展社会教育，通过演讲、编印新剧本、新歌谣、新通

---

① 参见王正海：《清华大学学生生活剪影》，《新青海》1936年第4期，第37—38页。

② 《交通大学校史》编写组：《交通大学校史》，上海教育出版社1986年版，第184页。

俗图画等方式传播新知改良社会风俗，通过提倡国货、改良制品、传播农业科技等方式促进实业经济发展等。学生在深入社会、锻炼自身的同时，也能够提高国民的德力、智力、体力与生活力，谋得民众之幸福。总体而言，学生自治的发展维护了学生在学校的利益，发展了学生独立的能力和自治的精神，促进了学生健全人格的培养。

学生自治从本质上讲是学校让渡一部分权力给学生，让学生按照民主的方式管理自身事务。那么学生自治的管理范围是什么？时人对此也多有论述，且不无冲突。对于学生自治思潮兴起有重要推动作用的杜威认为，“学生组织这一种机关，乃专为管理自己的，不是去管教习、校务及学校以外的一切事的”，就具体范围而言，如“课堂和校内场地卫生打扫，组织话剧团、音乐会、演讲会、义务学校等”①。陶行知认为学生自治“应以学生应该负责的事体为限”，同时还认为学生如同地方自治，地方自治之权出于中央，学生自治之权出自学校，所以学生自治“虽然可以由学生发动，但学校认可一层，似乎也是应该有的手续”②，即学生的自治行动应该得到学校的认可。舒新城也认为学生自治“其权限须视学校之性质及学生之年龄与程度由校长酌定”“学生自治须由教职员指导”③。总体来说，这种关于学生自治范围的认识居于主流地位。

然而当时也并非没有不同看法，同样来华考察的美国教育家孟禄则认为学生自治的范围包括“约束同学，处理自修室、寝室、教室、膳食堂及参加教务会”④等。学生自治的权限相较于杜威所列举的自治范围而言有所扩大，

---

① 杜威：《学生自治的组织》，《教育公报》1920 年第 10 期，第 218—220 页

② 陶行知：《陶行知文集》，山西教育出版社 2021 年版，第 242 页。

③ 舒新城：《近代中国教育思想史》，吉林人民出版社 2013 年版，第 172 页。

④ 参见孟禄：《学生运动之意义》，《学生》1921 年第 11 期，第 7 页。

包括参加属于校务范围的“参加教务会”。这种认识上的差异折射到学生自治的具体行动，则表现为学生自治权力的膨胀。当时学生自治会“不特要求学校公开，尤要参与校事，要求添购图书、器皿……无一不给学校为难，所以学生与学校往往于此中发生误会”[①]，这具体表现在很多方面，如校长人选、教授选聘、校产维护、经费拨发、学费减免、学校发展规划、外交后援、学科设置、课程改良等都成为自治会的议决要案，“学生自治”有走向“学生治校”的倾向，这无疑已经有悖学生自治是“自己管理自己”[②]的初衷。

那么，在学生自治会权力膨胀的情况下，其与学校行政当局的关系如何？对于学生自治会与学校行政当局的关系，陶行知在学生自治兴起之初就曾告诫称，“学生自治会与学校当有一种协助精神，不可立在对峙的地位”，“我们必须打破一切障碍，使师生的感情可以化为一体，使大家用的力量，都有相应的效果”[③]，即师生关系和谐，齐心协力推进自治运动。但现实情况是，学生在五四运动中自我意识被激发“如睡狮初醒，横冲直闯，不可一世”，在师生关系上“久经压迫的学生一旦被解放，平常对于教师的伪礼节也连带地抛到九霄云外了，所以教师的无谓命令，也就行不下去；教师的语言，也很难强人盲从……甚或学生对于教员求全责备，不稍留余地，教员的去留全权，几近握在学生手里”[④]。因传统的尊师重道被抛弃以及学生甚至能操纵教员的去留，以致有人说“五四以前的教员是老子，学生是儿子；五四以后，教员变成儿子，而学生变成老子了”[⑤]。当然，这里所谓教师既包括普通教师，也包括作为学校行政管理者的教师。

---

① 周钧：《学生自治与学校》，《学生杂志》1924 年第 4 期，第 36 页。

② 陶行知：《陶行知文集》，山西教育出版社 2021 年版，第 236 页。

③ 同上书，第 241—244 页。

④ 周钧：《学生自治与学校》，《学生杂志》1924 年第 4 期，第 36 页。

⑤ 李季：《我的生平》，亚东图书馆 1932 年版，第 213 页。

在这种师生关系嬗变的背景下，“教师的无谓命令，也就行不下去；教师的语言，也很难强人盲从”，教师因有被学生驱逐的隐忧“于学生自治不免多方破坏”[①]。学生则因“对于自治及各种主义多不能彻底了解，加以少年气盛，凡事总想立刻完成，不问步骤如何，历程如何，激进就是了，所以不了解社会情况和办事人苦衷，往往所要求的万非学校当局所能办到”[②]，这直接导致学生与学校行政当局经常发生冲突，双方事实上经常处于矛盾、对立的状态，导致校园内部学潮迭起。据吕芳上统计，1919—1928年大学中共发生学潮78起，其主要原因依次为反对新旧校长、学生不满学校设施、反对政府及教育当局，经费及收费问题、反对教职员等，基本都与学校内部治理密切相关，约占90%；其他如反对列强、学生冲突、检查仇货事件、教职员冲突等因素仅占10%左右。就占最主要原因的“反对新旧校长”而言，1919年11月北洋大学驱逐校长赵天麟、拒绝新校长冯熙运，12月北京高等师范学校驱逐史地部主任王桐龄，清华大学驱逐校长张煜全、拒绝罗忠诒接任校长；1920年9月民国大学驱逐校长陈量，11月北京高等师范学校驱逐校长陈宝泉、反对陶履恭任校长；1921年1月北京师范学校挽留陆鋆拒绝王维藩，2月武昌高等商校拒绝新校长卢复，10月中国公学驱逐中学部主任舒新城；1922年2月武昌高等师范大学驱逐校长谈锡恩，4月清华大学抵制校长金邦正，5月交通大学驱逐校长陆梦熊，8月南洋大学驱逐校长卢炳田，10月北京大学挽留校长蔡元培，10月北京高等师范学校驱逐校长李建勋，11月唐山大学驱逐校长余文鼎，11月仓圣明智大学排拒校长姬觉弥。[③] 以上仅

---

① 周钧：《学生自治与学校》，《学生杂志》1924年第4期，第36页。

② 同上书，第35页。

③ 参见吕芳上：《从学生运动到运动学生》，“中央研究院近代史研究所”1994年版，第76—88页。

是1919—1922年部分学校发生的迎拒校长事件，其中清华大学“九年时间，三赶校长”，可见当时风潮之激烈，这对学校的管理不无影响。梁实秋回忆清华大学的校园生活时就曾说：“清华的传统的管理学生的方式崩溃了，学生会的坚强组织变成学生生活的中心。”①

当时学生在学潮中常用的手段就是罢课、游行、请愿，其中又以罢课为主。就学生的角度而言，当时学潮的一般过程如下：“大概凡一风潮之起，多先由学生提出某种要求——积极的或消极的。进行要求时有时并发布宣言，表明其要求之正当。若要求不遂，则每出于罢课。罢课期中，每用种种宣传方法，宣布校长或其他教职员之‘罪状’，或者径向行政官厅请愿，甚至有向督军、巡阅使请愿者。有时一校学生间往往因乡谊观念、个人私谊或个人利害关系而分成两派，互相攻讦，酿成分裂现象。至于毁坏器物、侵犯人身于风潮经过中亦间或见之。又通常学生于拒绝新校长或旧校长去职后，每自提出继任校长之资格，或径自行校长之‘假选举’，此亦为一年来反对或拒绝校长风潮中之一常见事例。”②然而“不过罢课次数太多，一快到暑假就要罢课，有人讥笑我们是怕考试，然乎否乎根本不值一辩，不过罢课这个武器用的次数太多反而失去同情确是事实”③。就学校方面而言，“当局中如有畏事者或无一定主见者，往往即以不到校，以为消极抵制之计，或延捱不理，以示安开自若；其自信力较强者，则以殴词属色拒绝之……学生之要求既不得要领，每进一步而以罢课、罢考或离校为挟之手段。此时心无主见之举校当局者，每致不知所为；而自信力坚强之教育者，则越增其愤怒之情，

---

① 梁实秋：《雅舍小品》，浙江文艺出版社2021年版，第213—214页。

② 常道直：《民国十一年度学校风潮之具体的研究》，《教育杂志》1923年第4期，第10页。

③ 梁实秋：《雅舍小品》，浙江文艺出版社2021年版，第214页。

越不肯容纳或考虑学生之要求。此时风潮已经实现，前者则或出‘罪己’之辞职书，而后者则每开除‘为首滋事学生’以示威。有时因‘校章不行’，甚至召军警以助威，设法庭以求直。如此若仍不能解决，则间或提前放假或公然解散，以示‘与校皆亡’者”①。

学潮发生的原因是多方面的，如学校当局处置不当、学生提出要求过甚、党派运作、新旧文化观念冲突等。学潮多由学生主动发起，姑且不论其理由是否合理，且就其手段而言，是否正当？当时就有论者指出，“校长固非教育的主体，但学生亦不能认为教育之唯一主体。学校为一种以教育为目的之有机体的组成，教职员与学生皆为有机体构成主之分子”，双方各居一端，无论是学生蔑视教员，或者教员奴视学生皆失其当。② 学生动辄以罢课、游行、请愿相威胁，“对于校长，则自由选举，如议会之推选主席；对于教授，任意罢陟，如宿舍之雇佣庖丁。甚者散传单以谩骂，聚群众以殴辱，每有要求，动辄罢课以相挟持。及至年终，且常罢考以作结束，弦歌停歇，黉舍骚然”③，这无疑是激进的，也造成校园纷扰不宁。梁实秋回忆自己参加清华大学学生会评议会时的情景，“深深感觉‘群众心理’是很可怕的，组织的力量如果滥用也是很可怕的。我们短短期间内驱逐的三位校长，其中一位根本未曾到校，他的名字是罗忠诒，不知什么人传出了消息说他吸食鸦片烟，于是喧嚷开来，舆论哗然，吓得他未敢到任。人多势众的时候往往是不讲理的。学生会每逢到了五六月的时候，总要闹罢课的勾当，如果有人提出罢课的主张，不管理由是否充分，只要激昂慷慨一番，总会通过。罢课曾经

① 常道直：《民国十一年度学校风潮之具体的研究》，《教育杂志》1923年第4期，第11页。

② 同上。

③ 天行：《学潮与出路》，《东方杂志》1932年第6期，第1页。

是赢得伟大胜利的手段，到后来成了惹人厌恶的荒唐行为”①。这种因学生自治而导致的师生关系恶化和学生管理秩序混乱，无疑和自治试图构建和谐的师生关系，营造良好的校园秩序的愿景背道而驰，从这个角度讲学生自治运动无疑是失败的。“三年以前，学校里听见‘自治’两个字以为很好听的样子，不论先生、学生都出来提倡组织一时很觉得热闹。到了现在，在学校里谈起‘自治’两字，先生方面大都疾首蹙额，把头一摇，叹一口气。学生方面也有很得意的，也有说自有这个东西以来，把我们的学业不知荒误多少，极口痛骂，害人不浅的”②。可见，学生自治在短短几年里就由广受欢迎转变为师生普遍感到厌烦。

在学生自治的过程中，除因各种原因导致师生矛盾激化外，在学生自治会内部运作方面也存在不少问题，如内部管理不力、对学生服务功能弱化等。当时不少学校学生会内部组织散漫，经常出现开会无故缺席的现象，严重影响学生自治会的正常运作。“每次要召集评议会的时候，出条告让听差摇铃，早早到议场去侍候着，恐怕等了十几分钟，还是不足法定人数，临了主席还要和颜悦色地同大家道一声歉，以便展期举行的时候，他们还能光顾。偶尔要召集全体大会，更是要半条性命去换了。摇铃吹号，好不容易开成了会。一会儿议事日程还没有完毕，大家急着要散会了”③。在为学生服务方面，因当时学生自治会要花大量时间在学潮以及校外运动事务方面，因此服务学生的工作不免有所欠缺，也引起学生的不满。例如，彭光钦就批评清华大学学生会说：“近三年来学生会谋同学公众幸福的事曾办过几件？对于

① 梁实秋：《雅舍小品》，浙江文艺出版社 2021 年版，第 216 页。

② 陈燮勋：《学生生活劈头几个大问题》，《学生杂志》1922 年第 8 期，第 84—85 页。

③ 清华周刊社：《清华生活》（清华十二周年纪念号），1923 年，第 100 页。

学校行政的辅助究竟怎样？仔细想来，恐怕关于前者，很难想出几件，关于后者，不但没能辅助学校，反犯了些干政的嫌疑；而且内部因党派起纷争，如去年屡次发生相互攻讦的事，不久以前，又因评议部私人间意气酿成滑稽的弹劾尚未就职之干事部主席案，会场上攻及私人人格，闹得乌烟瘴气；以致现在的学生会既对于学校失信任，复对于同学失信任。”①

总体来说，学生自治在民国时期学生日常生活中占有重要地位，当时学生自治运动的开展既符合当时民主发展的潮流，又有利于新国民的培养，可以说是时势所需。然而，当时学生自治运动的开展，既没有良好的社会环境，又缺乏良好的自治能力训练，在激进思潮下学生自治逐渐走向歧途。国民政府统治时期曾颁布《学生自治会组织大纲》和《学生团体组织原则》限制和约束学生自治会的权力，但因学校内部纷争、办学经费缺少保障以及民族危机加深等原因，使学潮不断，学生自治会在其间发挥了主要的领导作用。随着国民党反动统治的加强，学生自治运动在共产党的领导下，具有反对国民党专制独裁统治的性质，很多学生通过自治会的宣传、教育和组织走上了革命的道路，为革命取得成功发挥了重要的作用。

第四节 政治生活

近代大学生作为新知识阶层的代表，肩负着唤醒民众的使命，在近代中国内忧外患不断、政局变动频仍的恶劣政治环境下，每当国难来临之际经常

---

① 彭光钦：《清华学生组织之改造：取消学生会，建设学校市》，《清华周刊》1924年第326期，第9—13页。

作为时代先锋冲在最前列。出于对理想主义的追求和血气方刚的年龄特征，使他们在政治运动中释放出巨大的能量，在弘扬了爱国主义，促进时代和社会进步的同时，在政治运动中的激进表现也不可避免会带来破坏性因素。这使近代的学生运动在表达爱国诉求，追求自由、民主、平等的同时，其激进行为有时又有违其所追求的精神主旨。

近代学生运动自一开始就表现出不同于以往的锐气。1902 年，南洋公学“墨水瓶事件”引起中国近代史上最早、规模最大的一次学潮，当时 200 多名学生为反对校方的专制而集体退学，使校园为之一空，“少者在前，长者殿后，车声碌碌，人影纷纷，一股很长的蚁阵，遂出南洋公学的大门，逶迤向东北方向而去。区区大厦的西南角上，只剩了八九个老师范生倚窗远眺，连连长叹”[①]。这体现出清末时期学生运动的主要斗争方式——退学，当然，除此之外还有集会和哄堂。[②] 这也说明作为新知识分子的青年学生在参与政治时，相较于传统士大夫阶层的清谈、讥讽时政和维新立宪派的伏阙请愿、上书，手段更加果断、决绝和激烈。及至民国，学生阶层已经成长为新的知识新贵阶层，被视为“国家未来之主人翁”“一国青年为一国精华所在，承前启后，继往开来，为社会转变之枢纽，国家改造之关键；其地位之重要，责任之巨大，世人早已公认，无待赘述”。[③] 在这种认知背景下，在面对国难时似乎“学生不出，奈天下苍生何”，因此学生在参与政治活动时，心态上更趋强势，手段更趋激烈。当 1919 年中国在巴黎和会上争取国权失败的消息传到国内时，学生们以为“没有内奸是引不进外寇的，袁世凯想做皇帝，

① 欧七斤：《南洋公学“墨水瓶事件”始末》，《上海教育》2020 年第 18 期，第 67 页。

② 桑兵：《晚清学堂学生与社会变迁》，广西师范大学出版社 2007 年版，第 103 页。

③ 陈科美：《中国青年运动与思想》，《现代学生》1931 年第 6 期，第 1 页。

五四运动作为中国近代史上影响最深远的爱国学生运动，其意义不言而喻，但也正因如此，运动中火烧赵家楼的武化问题大多数时候亦被忽略。周予同在回忆五四运动时就曾说：“‘五四’那天的斗争过后，有些同学，特别是法政专门学校的学生，对于斗争方式颇致非议，认为放火殴人都是超出理性的行动，违背天安门大会议案的精神。”① 不唯如此，梁漱溟当时也在《每周评论》上发表文章称要将学生放火打人事件诉诸法律，“我的意思狠（很）平常，我愿意学生事件付法庭办理，愿意检厅去提起公诉，审厅去审理判罪，学生去遵判服罪。检厅如果因人多检查得不清楚，不好办理，我们尽可一一自首，就是情愿牺牲，因为如不如此，我们所失的更大。在道理上讲，打伤人是现行犯，是无可违的。纵然曹章罪大恶极，在罪名未成立时，他仍有他的自由。我们纵然是爱国急公的行为，也不能侵犯他，加暴行于他。纵然是国民公众的举动，也不能横行，不管不顾。绝不能说我们所作的都对，就犯法也可以使得，我们民众的举动，就犯法也可以使得。在事实上讲，试问这几年来哪一件不是借着‘国民意思’四个大字不受法律的制裁才闹到今天这个地步？我们既然恨司法官厅不去检举筹安会，我们就应当恭领官厅对于我们的犯罪的检举审判”②。梁漱溟还在此基础上进一步引申说：“但我如说这话，大家一定不喟然的很多。我以为这实在是极大的毛病。什么毛病，就是专顾自己，不管别人，这是几千年的专制（处处都是专制，不但政治一事）养成的”“这个毛病不除掉，绝不能运用现在的政治制度，更不会运用未来社会改革后的制度。”③ 其实，梁漱溟所提问题的核心观点就是，“正义”

---

① 转引自马军编著：《绿圃红叶——上海社会科学院历史研究所老同人革命回忆录选编》，上海社会科学院出版社 2021 年版，第 58 页。

② 梁漱溟：《论学生事件》，《每周评论》1919 年第 22 期第 1 版。

③ 同上。

事业能否不受法律约束？“国民公意”是否可以侵犯个人人身自由与安全？民主政治如何真正践行？应该来说，梁漱溟敏锐地看到保障个人权利、维护社会秩序以及程序正义对政治发展的重要性。

然而遗憾的是，当时梁漱溟的这种理性看法不仅没有得到重视，反而招来众人的诸多反对，第一，他们强调群众运动几乎绝对的正当性，“公众的示威运动，在现今的文明国，是国民法律上应有的权利……不讲法律道德则已，讲到法律道德，就不能拿扰乱治安、目无法纪这些罪名加到国民示威运动的头上来了”①；第二，认为法律应该为正义事业服务，“我们人类现在既已承认学生运动是合乎正义的，国家和法律也应该跟着我们人类往一条路上走”②；第三，认为群众正义的运动可以侵犯个人自由的，“梁君说无论什么人，有他的自由，不许他人侵犯，这话本来极是。可是侵犯人的，要是出于群众的行动，那就不能这样的说法了……大凡群众的示威运动，多少总带着些感情行动，结果一定会发生冲突伤人等事情的。再进一步讲，近代文明的国家，公众制裁个人的举动，在法律上并不是不允许的”③。从中国近代民主政治发展的历程来看，梁漱溟提出的这些问题未得到有效解决，是近代中国政治治乱循环的关键原因之所在。数年后，国民党在“正义”的“国民革命”名义下推翻北洋政府的统治后，延续侵犯个人人身安全与自由的做法，建立独裁专制统治，肆意屠杀革命青年，又给中国带来深重的灾难。

当然，五四运动发生之时学生还是比较理智的，密谋火烧曹宅的主要是北京高等师范学校的一小部分学生，当学生们预备到曹汝霖家里去时，被选

---

① 知非：《评梁漱溟君之学生事件论》，《每周评论》1919 年第 22 期第 2 版。

② 《学生事件和国家法律问题》，《每周评论》1919 年第 22 期第 3 版。

③ 知非：《评梁漱溟君之学生事件论》，《每周评论》1919 年第 22 期第 2 版。

作游行示威总指挥的傅斯年曾劝学生不要去[①]，但在群情激愤的情况下无济于事。其实这也是学生运动的一般特征，“多半的学生心理是具有反抗现存体制的特性，少数人激发，多数人便会投入；激进的学生实际上只是占全部学生的百分之一、二”[②]。然而却也正是这少部分人的激进行为，使学生运动斗争的力度不断加大，蕴含的政治能量也更加巨大。正如吴玉章回忆五四运动时所说：“从前我们搞革命虽然也看到过一些群众运动的场面，但是从来没有见到过这种席卷全国的雄壮浩大的声势。在群众运动的冲击震荡下，整个中国从沉睡中复苏了，开始散发出青春的活力，一切反动腐朽的恶势力，都显得那样猥琐渺小，摇摇欲坠”[③]。

因此，学生运动中的激进行为可以说是把“双刃剑”，一方面猛烈地冲击着腐朽落后的统治，唤醒了民众的爱国意识，传播了进步思想；另一方面社会带来破坏性，同时有悖其追求的自由、民主。例如，1925 年首都革命中学生和工人组织敢死队，手持木棒、门框、窗格等武器进行游行，砸毁章士钊（教育总长）、朱深（警察总监）、李思浩（财政总长）、刘百昭（教育部教育司长）的住宅，捣毁并火烧晨报馆。章士钊事后回忆说，午后五时余千余众“一拥而入，遇物即毁，自门窗以至椅凳，凡木之属无完者，自插架以至案陈，凡书之属无完者，由笥而椸，无键与不键，凡服用之属无完者……其处理诸物，先肆其力而揭之，次尽其量而撰之，卒扫聚所余，相与火之，不出一时，而愚夫妇父子五人，相依为命，积殊而成之小小家庭，荡

① ［美］周策纵：《五四运动史》，岳麓书社 1999 年版，第 158 页。

② 吕芳上：《从学生运动到运动学生》，“中央研究院近代史研究所”1994 年版，第 232 页。

③ 吴玉章：《回忆五四前后我的思想转变》，载中国社会科学院近代史研究所《近代史资料》编译室主编《五四运动回忆录》（上），知识产权出版社 2013 年版，第 60 页。

然尽矣”[①]。对于民众火烧晨报馆的行为，吕芳上曾有评论说：“当群众还在高呼‘人民有集会结社言论出版自由’的时候，首都革命的最大的成果，是烧掉一个象征言论自由的晨报馆，这真是历史的讽刺。”[②]

当然，即便如此，当时大学生的历次爱国民主运动以各种形式不断掀起民族民主思想的宣传热潮，将原本存在于精英知识分子阶层的民族、民主、自由等进步思想传播给普通民众，促进了社会进步。就算对学生个人来讲，冲击也很大。例如，1935 年爆发的以青年学生为主体的“一二·九”爱国救亡运动对当时的学生影响很深，就读于清华大学的施季谈到“一二·九”运动对他的影响时曾说：“一二·九的怒焰，把我卷入救亡的旋涡中已经一年了。这一年来，我觉得无论在哪一方面，都有了很大的改变。在集体生活中学习，在工作中学习，更在行动中学习，使我得了许多书本以外的。”首先，认识到群众力量的强大，在此以前“群众的力量是许多人不愿意相信的，但只要参加过一二·九、一二·六的行动的。谁还敢怀疑群众力量的伟大？试想，如果你凭着一腔热血，到西直门外大呼‘打倒日本帝国主义！’谁不把你当作疯子，可是你在几千人的行列中高呼‘打倒日本帝国主义！’却只有增加这一行动的意义……”其次，克服了个人主义意识。当时人们多少带着个人主义意识，自私、颓废、浪漫、怀疑，但“但自从一二·九运动的浪花溅着每一个人的身上时，多少人便自觉或不自觉地渐渐洗刷了过去的意识。这在一年来的救亡工作中表现得尤其明显。你同一个不很熟识的同学共同进行一件工作，或讨论一个问题时，双方只有坦白和真诚，朝着一个救亡的方

① 章士钊著，章含之、白吉庵主编：《章士钊全集》（第 5 卷），文汇出版社 2000 年版，第 519 页。

② 吕芳上：《从学生运动到运动学生》，“中央研究院近代史研究所”1994 年版，第 245 页。

向走去。在工作的过程中，一个人会从颓废变成愉快，浪漫变成严肃，结果工作做得越多，对于救亡的认识越清楚，终于变成一个不屈不挠的，意识正确的救亡战士”。最后，对于救亡的光明的前途愈加坚定。“每一次行动以后，许多人会感觉到多知道了一点东西，这就是‘救亡的信念’。这也是随着生活工作和行动而渐渐地增加的，终有一天会豁然开朗，看出了救亡的运动光明的前途”“例如我们若看出了中华民族解放的前途，只有在反日反汉奸的目标下可以得到光明，那么一切有毒的欺骗，有意无意地蒙蔽和歪曲，都不会来动摇我们的信念，我们的工作也会格外努力，使我们的信心确如我们所预料的那样得以实现”。[①] 可见爱国救亡运动对青年学生来说如同一场洗礼，深刻地改变了他们的人生观和世界观，使他们逐渐认识到学生运动力量之伟大，并不断地投身于爱国救亡运动中。

小 结

从前文可以得知，大学生课外生活十分丰富，涉及社会服务、休闲娱乐生活、自治生活、政治生活等诸多方面。然而，在近代中国救亡图存的语境下，大学生作为知识青年，自步入大学起就承载着国家、社会和民族的期待与重任。通过梳理可以看出，大学生的课外生活除具有愉悦身心的作用外，大体上还是围绕这个主题，在推动社会变革、改良社会风貌等方面发挥着积极作用。例如，在社会服务方面着力进行教育服务、农业服务、社会改良和社会赈济等，扮演着新知识传播者和唤醒民众启蒙者的角色；在休闲娱乐方

---

① 施季：《我与一二·九》，《清华副刊》1936 年第 8/9 合期，第 23 页。

面，近代体育活动的兴起本来就与清末强身健体、报效祖国的“尚武”思潮密切相关，民国时期大学生重视体育锻炼与此不无关系，学生们开展的音乐艺术活动在推动新式音乐和戏剧发展以及传播方面发挥着重要作用；在自治生活方面，学生们在学校内部开展的自治活动可以说是在自由、民主的思潮下，代议制民主在学校内部的实践，以此培养其参政议政的能力；在政治生活方面，大学生作为激情澎湃的爱国青年，在历次政治运动中发挥着主力军的作用，不少进步青年还加入革命队伍。总体来说，当时的大学生作为社会的中坚力量，将课外生活与国家、民族的发展相结合，在启迪民众、改良社会以及推动国家进步发展等方面发挥着重要作用。

第六章　大学生日常交往生活

人作为社会性动物，平时与他人交往、交流是其日常生活的重要组成部分。大学生作为特殊的社会群体，其日常交往主要集中于和教师、同学之间。民国时期社会处于转型时期，当时大学生的日常交往活动难免受到当时社会环境的影响，体现出转型时期社会交往的特征。

第一节　师生交往

教师和学生是共同构成学校的主体，双方在教与学中互相影响、互相作用，构成了师生关系和师生交往。近代以来，一方面在学生由边缘到中心的权势转移中师生关系发生嬗变，传统的师道尊严受到严重冲击，使民国时期大学的师生关系呈现混乱、失序的状态；另一方面师生之间又因学业交流发生着密切的联系，双方的关系呈现温情的一面，这使民国时期大学之间的师生交往和关系呈现出对抗与友好交流并立的复杂、矛盾和多元的景象。

传统中国在儒家伦理下讲求“师道尊严”“一日为师、终身为父”“师徒如父子”“天地君亲师”等观念即是写照，“师”的尊严是凛然不可侵犯的。在这种文化背景下，“师”可以任意惩处学生，学生不得反抗，否则即大逆不道。近代以来随着学堂的设立，传统的私塾教育逐渐被抛弃，在这种时代转型下传统师生关系也发生深刻的变化。“科举时代，私塾教师对于学生之威严，几如监狱者之于囚犯。改行新教育制度以后，形式上虽有所更改，实际上从前之任管理者，大多不明教育原理，仍本期师严道尊的遗意，以发现学生短处，干涉学生行动为职志；学生被视为机械，一言一动，均须得管理者之许可。在表面上学生对于校规，几无不奉行唯严，对于职员之命令，无不马首是瞻，但实际上则压抑愈甚者，其被压的意志向外发舒的要求愈切”①。及至五四运动，“旧制度、旧思想、旧伦理纷纷破产，一切束缚思想意志的枷锁镣铐尽行解放”，学生们在社会上的地位也陡然提高，“对于种种事务、制度，也不像从前‘俯首帖耳’地盲从依顺”②。

在学生自治思潮下，学生以学校为政府，以学生为国会，将教师视为公仆，故学生居于监督之地位，教师为被监督之地位③，操纵教师及校长聘任之权，部分教师固守传统做法被学生视为“专制”，甚至对教师求全责备，稍有不满即被视为“教学能力”不足，从而引发师生矛盾乃至对立冲突。自此之后学潮频发，学生通过罢课、示威等方式，反对学校行政当局和教员。学生“对于学校中人和事体或人员，一有不满意的地方就立刻起来，借助学生自治会的力量，毫无顾忌，赶校长、赶教员，不惜牺牲自己的金钱、精力、时光，甚至对于对方的人格尽情诋毁、攻击、谩骂，以泄其愤；举平日教授自己的教师，陶冶自己的校长、职员，视若路人之不如。这种现象，非常普遍”④。甚至“学生以师长畏己，故视师长如奴，稍不如意，即胁之以众，恫之以势，动辄殴辱教长、驱逐教员以示威。风习所播，举国皆然。积重难

① 舒新城：《教育通论》，中华书局1927年版，第163页。

② 涵冰：《师道》，《教育杂志》1924年第4期，第4页。

③ 张君劢：《学生自治》，《教育杂志》1923年第9期，第2—3页。

④ 涵冰：《师道》，《教育杂志》1924年第4期，第4页。

返，后患何堪”[①]。对于这种师生关系的嬗变，有人甚至说“五四以前的教员是老子，学生是儿子；五四以后，教员变成儿子，而学生变成老子了”[②]（见图 6–1），甚至到“做教员的情愿生生世世不再投胎做教员”[③]，这体现了民初大学生师生关系矛盾和恶化的一面。

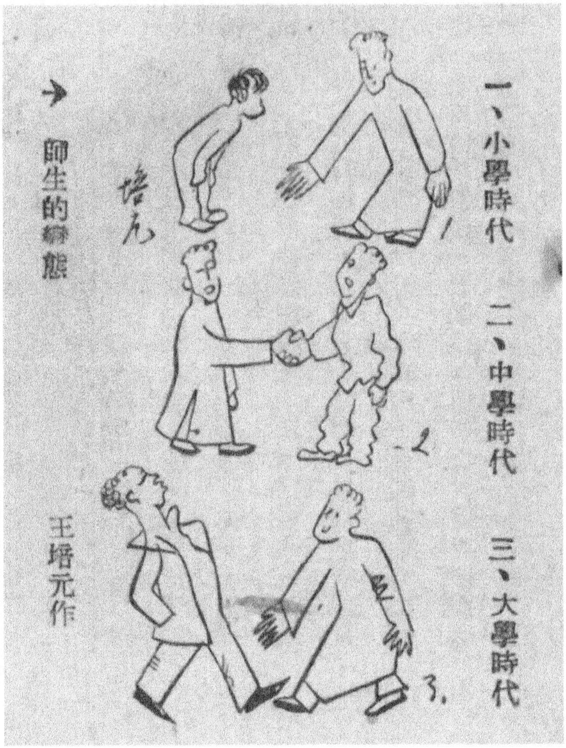

图 6–1 师生关系嬗变漫画
（资料来源：《中国学生》1937 年第 10 期）

虽然民国时期大学的师生关系有充满矛盾和冲突的一面，但也蕴含要求

---

① 周谷城：《教育与占有欲》，《教育杂志》1928 年第 4 期。

② 李季：《我的生平》，亚东图书馆 1932 年版，第 213 页。

③ 舒新城：《近代中国留学史 近代中国教育思想史》，商务印书馆 2014 年版，第 390 页。

打破教师绝对权威，追求师生关系民主平等的合理诉求，这促使师生关系向着民主化和平等化的方向发展，这与当时教育民主化的发展密切相关。即便如此，不同学校之间仍存在差异性，如钱穆就曾说："燕大在课外之师生集会则最多。北大最少，师生间仅有私人接触，无团体交际。清华大学又居两校间，此亦东西文化相异一象征也。"①钱穆将此看作东西方文化差异的表征，反映出不同学校的文化氛围对师生关系的影响。相对来说，教会大学的师生关系更为密切，其他国内公私立大学次之。总体而言，相对于以前"师道尊严"式下的师生关系还是一种进步。

当时不少学校的教师经常与学生交流谈心，辅导课业指点迷津，组织文体娱乐活动，教师与学生打成一片，如同亲密的朋友，增进了师生感情。例如，南京高等师范学校"教授于授课之外，颇多'身教'之功"，"师生之间，时多课外之联络，或访谒请益，或同乐谈话，相处既迩，相接常频"②。沈阳高等师范学校学生欲学习西洋乐陶冶性情，但苦于不晓乐理，学校英语部擅长音乐的华老师每周调设音乐课，辅助学生提高音乐素养，深受学生们欢迎。③教会大学相对来说比较自由开放，在师生交往方面走在前列，"燕大学生与教授间的关联密切，是国内各大学所不及的"，很注意师生间感情的联络，"平常学生到先生的家里开会或给先生请吃饭的机会就不少；还有一次盛大的举动，是由学校主办的，由学校将所有的教授和学生分配起来，每一个教授平均要请十个左右的学生到家里小酌，在两三天内同时举行。教授和学生的分配总是取其同系的，如像国文学系的教授请的是国文学系的学

---

① 转引自燕京大学研究院：《燕京大学人物志》（第1辑），北京大学出版社2001年版，第219页。

② 陈训慈：《南高小史——国立南京高等师范二十周年纪念》，《国风》1935年第2期，第64页。

③ 佚名：《校闻》，载《沈阳高等师范学校周刊》1921年第56期。

生，因为要同系的师生才互相认识，才有感情可言。在那两三天里，每个学生都有先生请到家里吃饭，隆情胜意，却之不恭，学生们在接到请柬之后，总是依时赴宴，饱餐一顿的”①。除此之外，燕京大学还经常组织歌咏队、弦乐队、外出旅游、师生大会等师生共同参加的活动，如谭邦杰回忆燕京大学的生活时说：燕京大学组织外出游玩活动时，“春季逛长城，逛明陵，逛檀柘寺、戒姑寺等处，每次总有一二百人报名前往，那两三天内，师生间那是像家人一样地合作同乐。每回想起那一次旅行，在静寂的深山的夜幕，男人们到山上采来大堆干柴，在庙外山涧旁燃起熊熊的篝火，男女围坐在火旁唱歌的情景，心中便有一种异常温暖的情感”②。

当时这种平等的师生关系和老师的热情关怀给学生留下了深刻的印象，如贾兰坡回忆在北京大学求学时期的丁文江时说：“丁先生在三十年代前半期，常带领北京大学地质系学生到周口店参观和实习，由于我经常在那里，也就常常由我来接待。1931 年，为了发掘方便，在周口店北京人遗址附近建了一座四合院，房子并不缺，可是丁先生虽然只住一夜，但也从不享受一点特殊待遇，总是和同学们挤在三间南房居住。当时周口店的伙食还是比较好的，我们为了要招待这位上级，晚餐便准备得丰富一些，但我们怎样请他，他也不和我们一起吃，要和同学们吃那一菜一汤，他这种不脱离群众的高贵品质是很感人的。”③ 圣约翰大学的一位校友回忆起校长卜舫济博士时，曾深情地说：“（卜舫济博士）对学生生活十分关心，每周五下午要到学生宿舍巡视一次，他对清寒学生也非常关怀。我在大学二年级时先父病故，欠了一

① 濠人：《“世外桃源”的学生生活的片段》（续），《十日谈》1934 年第 39 期，第 155 页。

② 谭邦杰：《我所认识的燕大生活》，《现代青年》1937 年第 1 期，第 22—23 页。

③ 余娟：《当代新型师生关系的解读与构建》，东北师范大学出版社 2018 年版，第 82 页。

笔药费无法偿还。医院将缴费通知单寄到学校，卜校长召我去他办公室，我坦诚以告。过一段时候知道这笔药费已由他为我解决了。”[①]

此外，大夏大学、浙江大学、北平师范大学和北京大学等学校还引进西方的导师制度，导师多以聚餐、茶叙、谈话会等形式对学生进行指导，对于促进师生感情交流发挥了积极的作用。以最早实施导师制度的大夏大学为例，“鲁继曾先生为第七组导师。该组于四月十一日（星期五）晚六时，在静安寺路底（地丰路朝西）百禄里十号，鲁先生公馆内开会。到有该组全体学生。开会前，鲁先生特备佳肴，以飨到会学生。闻该组学生云，不特喝醉了葡萄酒，且获得许多好教训云”[②]。“十月十六日导师张耀翔先生宴请该组同学于暨南村本宅，到者三十人，集于读书室中，只见书籍琳琅满架，用具布置有条，即此已是长该组同学见识不少矣，同时张先生更训及关于学术研究之方法，得益不少。后餐聚十四人围于圆桌，张夫人因产后未克参加诚为美中不足，酒肴丰富，该组同学口福实属不浅。餐后同学张镛君提议于十二月中旬欢宴张先生，一致通过。继由张先生率领参观暨南大学礼堂、图书室及各办公处未几，同学遂辞别，而张先生犹殷勤送至大门。闻该组同学颇谢张先生之热忱招待，百般指导云”[③]。从上面的记录可以看出，在集会的过程中学生不仅在学习上颇多收获，师生感情也更进一步深化。良好的师生关系对于学生的前程也有重要影响，如姜亮夫回忆陈希夷对他的指导时，陈先生曾对他说：“你不要专搞中国哲学，中国哲学要搞，但要作为基础来学，学好后把西洋哲学来对照，看看有什么不同。如没有中国哲学的根底，是无法学懂西洋哲学的。”他还说：“三十岁以前不读点唯物主义的书，是没有成就

① 熊月之、周武：《圣约翰大学史》，上海人民出版社2007年版，第398页。

② 《校务概况：导师制消息》，《大夏周报》1930年第81期，第180页。

③ 同上书，第195页。

的，三十年后还是学点佛学，四五十岁了还没有读佛学，一辈子就完了。”这两段话对姜亮夫影响很大。①

总体来说，当时国内大学师生之间的感情联络还有待进一步加强，龚家麟就曾说：“师生间虽然有融洽的感情，但是并没有密切的联络。教授是按时到班上课的，学生便肃静地在堂下笔记；学生很少问先生，先生也少问学生。下堂后教授却总要等一等才走，这是很好的，因为你先走了，学生不便追着你问。至于课外师生的交谊呢，有些教授也间或在家开开茶话会，招请些个同学去，总算尽了一部‘划痛鸿沟’的责任。也有少数特别用功的同学常到教授的办公室或私宅去讨论，但一般同学对教授却都取‘你我不相干’的态度。好像是顾虑太接近了教授便要被人疑心‘拍马’似的，这种观念是何等的错误！又有些人深怕去了‘讨没趣’，其实课外讲解也是师长的责任，义不容辞”②。

欧元怀也曾在《教育杂志》专门谈论这个问题：“今日我国大学教育有一种普遍现象，就是教授与学生关系过于机械化，各校师生除于排定的时间，在教室里见面外，平时很少有接触机会。这种现象因自新教育实施以来，就是摇铃上课，摇铃下课，大家习以为常，恬不为怪。其实里面有很大的弊病——那就是师生情感不能发生亲切的联系，因为照现行办法，师生授课听课如同买卖一般，‘日中为市，市毕而散’，下课之后学生往往找不到教授作学问的探讨。结果师生间不仅谈不到师生情谊，即便普通友谊关系，亦很难办到。今日大学内一课程修习人数，少的有三四十人，多者亦有至百

① 参见姜亮夫：《忆成都高师》，载王元化主编《学术集林》（卷2），上海远东出版社1994年版，第275页。

② 龚家麟：《清华大学的学生生活》，《独立评论》1936年第196期，第14—15页。

余人者，尤其是大学一、二年级各种基本学程（如政治学概论、经济学概论、普通心理学、中国通史、自然科学总论……）每班辄超过一百人以上，像教这一种课的教授，每天上课点一回名就要花几分钟时间，如果逐日点名，不但空靡学生宝贵光阴，教授亦难免敷衍塞责。假如概不点名，恐怕穷一学期上课时间，教授会一个学生都认不得。在这种情形之下，学生与教员间当然不会有亲切的关系，师生的情感既无从建立，学校等于旅舍，教员等于贩卖智识者，学生变成智识店的顾客，彼此相视若路人，学校学潮往往种因于此。”[①]

第二节 同学交往

同学关系在学生生活中无处不在，中国自古就有同窗之谊的说法，揭示了同学之间感情与交往的珍贵。有论者指出：“青年男女是天生的‘社会的动物’。幼年的儿童虽然喜欢伴侣，但是友爱的时期很短，朝为良友，暮为仇敌，是小孩中常见的事，不足为奇。到了青年，友情比较真挚。两人不友爱则已，有了友谊，不致巧然中断。”[②]这展示了青年大学生之间交往的特点，他们很容易建立起互帮互助的友谊。近代大学建立后，同学之间互相交往联络的平台很多，如各种社团活动、外出旅行、文体娱乐活动等，使同学间的交流更加密切。

① 欧元怀：《论今日大学教育诸实际问题》，《教育杂志》1937年第1期，第59—60页。

② 廖世承：《中学教育》，商务印书馆1924年版，第350页。

当时大学里社团组织的活动十分丰富，一般会定期举行各种活动，这些活动使校园生活异彩纷呈的同时，也促进了同学之间感情的交流与融合。例如，南开大学“有游艺会，有比赛，有演讲，有聚餐。从来没有看见会员意见的冲突，从来也没有看见办不动的事情，开起会来都是精神百倍”[①]。暨南大学英社同学为联络与其他社团的感情召开精英联欢会，在联欢会上同学们表演游戏逗得各人捧腹大笑，“过后仍追思不已”，英社“备极丰富茶点鸡粥生果等，且谈且食，其乐何如，一时友情极为浓厚”。燕京大学的团体生活也非常丰富，据谭邦杰回忆：“孤独沉寂的人来到这个环境里，很容易被那活泼、新鲜、热烈的空气所融化，因而充满了年轻的活力。燕大的生活是丰富的，多变化，多色彩而使人留恋回忆的。未名湖畔或枫岛石船上的种种往事，白了头发的老同学们也难忘掉。同学间、教授间，或同学与教授间，各种组织之多，不可胜计。学会之类可不必论，其他为联欢，为音乐、体育、宗教，为社会事业等等的小团体，多如牛毛，而不定期的各种聚会为数也颇不少，现在又听说母校盛行‘不进城运动’，是则团体集会的机会更多了。”[②]正是在这些团体活动中，同学之间的感情得到升华，“在各种活动中，同学之间由于兴趣爱好、性情相投而结成好友，交际的范围不断向纵深发展。在各种团体活动中各年级、各院系的学生聚集一处，形成了多方位的交友渠道，学生由于相同的兴趣爱好而结识了更多的朋友，突破了班级与同乡关系的原始交往状态，拓展了多样化的择友模式。在这其中，学生体会到校园生活的美妙与丰富多彩，在人际交往中得到安慰和愉悦滋养了心灵”[③]。

---

① 迈罘：《南大学生生活概观》，《南开大学周刊》1928年第51期，第8页。

② 转引自祖琨：《时代思潮与武汉学生生活之转变》，《青年评论》1933年第1期，第5—6页。

③ 杨禾丰：《圣约翰大学的校园生活及其变迁（1920—1937）》，复旦大学博士学位论文，2008年，第18页。

同学之间结伴出游也是学生交往的重要内容。李一氓回忆其在上海求学时的经历时说："寒暑假，处南京、西湖和无锡，我们也没去过什么别的地方，星期天为摆脱城市的喧嚣，就乘从上海到吴淞的小火车找同济大学或中国公学的那些同学玩。偶尔也邀请几个同学逛公园。"[①] 大学校园由于环境美丽，因此有它独特的浪漫，同学之间在校园漫步也是交流的重要方式，"若是在春风解冻，冰雪初融的时分，湖边的柳树发出新芽，丁香花吐着芬芳，水中的鱼儿时时扑通地打起浪花。这湖上的人们也在这明媚春光中徜徉着……那三三两两，如兄如弟的，且谈且行，载笑载谑的，这便是那经济情况好的朋友们，趁课余的闲暇，共乐春光。那有男有女，捽着一团，大笑大嚷，闹得'不亦乐乎'的，便是那些最社会的华侨；那一男一女，并肩揣手，步履蹒跚，殷殷情话的，便是所谓'亲爱的'和'甜心'"[②]。可见当时同学之间自愉快交流的情形。还有人这样描述当时在校园游玩的场景："有的仨俩一起，有的五六成群，好像呼朋引类似的各有其趣，谈天说地，指北画南地且谈且走，见着熟人便招呼。光滑的柏油路上，两旁绿柳成荫，薄暮景色，生动甜美。或有对面走来的女同学，那妩媚的姿态，更是此情此景中无上的点缀品了。等到'月上柳梢头'的时分，散步的人，也都回房的回房，去图书馆的都去了。"[③]

当时不同的学校因校风迥异，学校内的同学交流与感情也有较大差异。如前所述，燕京大学同学之间交流较多，感情也比较融洽，武汉大学同学之间的相处则保持着一种谨慎的状态，"偶然摩擦失手，双方争先说一声'对

① 李一氓：《李一氓回忆录》，人民出版社 2001 年版，第 32 页。

② 《未名湖畔——燕京大学学生生活段片》，《中兴周刊》1935 年第 78 期，第 23 页。

③ 《复旦大学学生生活素描》，《中国学生》1935 年第 10 期，第 18 页。

不住’，如果你调皮故意作弄他，他会给你个‘不理会’，使你自己没趣收场。吵嘴打架是罕有的奇迹，各人维持自己的尊严，怀着高洁的志趣，所以去年来学生界左右派发生明争、暗斗、动武、诉讼，这里却安静如常，不受影响。但这种态度的另一种表现却是畏缩而不负责任。一般对于公共事务均不愿负责，纵使负责往往有头无尾，不能善终”[①]。中央大学同学之间的交往则较冷淡，“同学间的交际很淡然，平日除同系同乡，略有往来外，其余大多漠不相关，视若路人，就使暗地里各自的姓名脾气，学习的院系都很清楚，见面时总是绷紧着脸，各走各路，绝不寒暄，异性间如此，同性间亦然。这当然不是绝对的现象，感情浓厚的爱侣也有，不过这只是极少数”[②]。

男女同学之间的交往也是当时值得注意的问题。近代中国大学男女同校最早施行于教会大学，在国内公立大学中最早施行的是北京大学和南京高等师范学校，此后其他大学逐渐效仿。然而因男女授受不亲等中国传统思想的影响，虽然不少学校施行了男女同校，但男女同学之间的交往依然比较少，双方在课堂上似乎都比较拘谨和腼腆，不敢轻易与对方打招呼和交流，即便下课后双方的交流依然比较少。昂觉民回忆武汉大学的生活时说：“武大也是个男女同校的大学，实际上却无异于男女分校，男女同学之间也许比男女分校，还要隔膜些。彼此间好似有一条不可逾越的鸿沟……不论男女学生，几乎人人全是男女关系解放的崇拜者和理论家，然而一看他们在校中的生活，似乎个个都是旧礼教的忠实信徒，抱定了老死不相往来的主义。”而且如果“要有一对男女同学稍微接近些，大家就七言八语，加枝添叶，议论纷纷，比丢了东北四省的消息传到后议论得还要起劲，还要沸腾……结果弄得

① 季荃：《武汉大学的学生生活》，《青年动力》1937 年第 2 期，第 138 页。

② 茜女士：《学生生活素描》，《中国学生》1935 年第 10 期，第 17 页。

女同学歧视男同学，男同学不谅解女同学，双方互相排斥”。[①] 在大夏大学，“这里男女的关系是相当封建的，在教室里面女的位子总是排在前面的，在后面的男生当然是不免评头品足地做着怪脸丢纸头，作出许多怪声音来，但男女之间仍旧是保持了一种难于接近的严肃”。[②] 南开大学的男女同学关系也是如此，迈罘回忆起在南开大学的生活时也说：“男女社交问题。我校是男女同学，那么男女同学的关系，当然也占生活紧要的一部分，讲起来真好笑，我所知道的只有彼此的歧视，很少看见彼此的融合。”[③]

当然，即便当时男女同学关系保守但也还是有同学谈恋爱。当时有人这样记述道：“曾经到过北京的人大都知道北京有许多地方是男女社交的机关，如公园、市场、戏院……固然居中的舞台脚色是各类人都有，但我不敢不承认青年学生至少要居半数。没有异性朋友的人，天天脑筋里都盘算着结交异性的计划，有异性朋友的人天天脑筋里都预谋着逢迎异性的方法……听见一个人说只要漂亮、学问好、性情又温柔，那么便不管三七二十一，急急地写一封信去，也不管对方看了如何，邮局发出的邮票总是一天少一张。往昔对待同性朋友一钱都不肯出的，这时要请人介绍时，便被敲重重的竹杠也所甘心。不然，便叫着烦闷，喊着孤寂。能东拼西凑做成几首肉麻的新诗的人，便今天五首，明天十首，寄到晨报附刊去出气，甚至有以没有异性朋友为辱的，至于有异性朋友的人不是明天看电影，就是后天上公园，借钱也要上馆子，当物也要吃大菜……爱人病了便愁锁眉头，比较父母病了还要着急，比较侍奉父母还更周至，如果双方发生了龃龉就像失了魂魄一般，打电话呀，

---

① 昂觉民：《武大学生生活的各方面》，《新社会》1934 年第 9 期，第 265 页。

② 《丽娃栗妲河畔的学宫——大夏学生生活素描》，《读书青年》1936 年第 6 期，第 51—52 页。

③ 迈罘：《南大学生生活概观》，《南开大学周刊》1928 年第 51 期，第 8 页。

请报书呀，唔，讨厌，肉麻，还有没气节的人，竟拿出自杀来吓人，这沙漠似的北京已被政潮、学潮等等扰得不堪，再加上这社交潮，更要弄得格外热闹。”①这段对大学生社交冷嘲热讽的描述，显示出论者对当时男女生之间恋爱的不满和鄙夷。其实在现代社会大学生谈恋爱本无可厚非，然而之所以会被批判还是与传统观念的束缚有关。

男女同学这种保守的关系，原因是多方面的：其一，封建礼教思想的束缚，如当时就有人说：“这也难怪，受四千年礼教熏陶的男女，今天能够同学一堂已算了不得，顾忌当然很多，同学的钳制也不少。”②其二，过渡时代新旧观念冲突与矛盾。如昂觉民就饶有趣味地评价武汉大学男女同学的交往说，“言行的矛盾乃是二十世纪中国的特色，又何怪武大学生呢”，生动地揭示了社会转型时期的这种特点。

当然也有些学校男女同学关系是相处较融洽的。例如，同济大学有青年会附设的交谊会，“每月聚餐一次，给男女同学们一种互相接近、互相吸引的机会，最为同学们所拥护”③。燕京大学作为教会学校，因为文化观念的影响男女同学之间关系也比较和谐，“女同学对于男生的态度，多半很自然，大方而且有礼。平时无论开什么会，男女间总是很融洽，好像是很熟似的。当笔者升入四年级的第一季时，四年级的女生请了全体男生开一次联欢会，非常热闹有趣。但是以后男生们却忘了回敬她们，故此等到最后学期，大家都快毕业时，她们很多人抱怨起来”④。这展现了部分学校相对开放和包容的一面。

---

① 李文方：《我的环境——北京学生生活的一部》，《学生杂志》1924年第9期，第83—85页。

② 迈罘：《南大学生生活概观》，《南开大学周刊》1928年第51期，第8页。

③ 王黎：《同济大学学生生活》，《青年月刊》1937年第6期，第29页。

④ 谭邦杰：《我所认识的燕大生活》，《现代青年》1937年第1期，第24页。

小 结

民国时期大学的师生关系相较于传统的师生关系更趋复杂，既有教师地位下降、师生关系恶化的一面，也有师生感情融洽的一面，这无疑与近代西方教育思想的传播密切相关，显示出时代变迁对学生日常交往生活的影响。在同学交往方面，随着社会发展，交流的方式趋向多样化，参加集体活动成为学生交往的主要方式，但是在传统观念的影响下男女同学之间关系的隔阂却是很普遍的现象。值得指出的是，不管是师生交往还是同学交往，不同学校呈现迥然不同的风格，尤以教会学校在师生以及同学之间良性交往方面走在前面，体现出不同教育理念对学生日常交往生活的影响。总体来说，当时师生、同学之间的日常交往既有传统观念的影响，又整体上向着教育民主化、平等化方向发展，通过多样化的交往路径熔铸了互相之间的深厚感情。

结　语

“学生者，人生之本也，本固则枝叶茂。学生者，国家之花也，花盛则果实盈。故就一己而言，他日事业之成败视乎今日问学之勤惰，就人群而言将来国家之隆替视乎今日学生之贤否”①。这是1917年发表于《学生杂志》的一篇文章对学生地位的认识，可见当时社会对学生肩负国家使命的期待。胡适也曾说：“文明的国家，学生与社会的特殊关系，当不大明显，而学生所负的责任，也不大很重。唯有在文明程度很低的国家，如像现在的中国，学生与社会的关系特深，所负的改良的责任也特重。这是因为学生是受过教育的人，中国现在受过完全教育的人，真不足千分之一……这千分之一受过完全教育的学生，在社会上所负的改良责任，岂不是比全数受过教育的国家的学生，特别重大吗？”②

对以学生为代表的知识群体的期待可以说是中国历来重视“知识”传统的延续。在中国传统的“四民”社会中掌握知识的“士”居于首要地位，这一方面是人类社会固有的“知识崇拜”，“在历史上，一般缺知少识的体力劳动者，由于不了解知识的起源、本质和作用，便把知识作为一种神奇的力量，

---

① 朱毓魁：《今日国家所要求于学生者》，《学生杂志》1917年第9期，第99页。

② 转引自季羡林主编：《胡适全集》（第20卷），安徽教育出版社2003年版，第82页。

把知识分子作为具有神秘品质的人物来崇拜”；[1] 另一方面是在科举制度下，读书能够为普通人提供上升的通道，实现“朝为田舍郎，暮登天子堂”的人生跳跃，“书中自有黄金屋，书中自有颜如玉，书中自有千钟粟”表达了平民百姓知识崇拜的利益动机。士大夫阶层在发展过程中逐渐形成“修身、齐家、治国、平天下”的独特文化心理，这既是他们的自我期许，也是社会的殷切期待。自 1905 年科举制度被废除后，近代教育制度在中国逐渐建立，以“学生”尤其是“大学生”为代表的知识分子（知识分子亦是由学生成长而来）又成为新的知识阶层，在某些方面继承了士大夫传统，一方面读书求学是普通人实现人生进阶的最重要途径；另一方面在近代教育救国、实业救国、科学救国的倡导与实践中，掌握新知的“学生”无疑是参与的主体。因此才有认为学生是“未来时代之人也，则为社会中坚人物者”[2] 的感慨和倡导。

揆诸史实，近代大学生在推动社会发展、改良和变革社会方面发挥了重要的作用。比如，当时大学生群体中涌现出优秀的学术、政治与科技人才，他们屡次掀起爱国救亡运动充当唤醒民众的先锋军，深度参与社会改良开启民智，用自己的言行带动社会变革，加速社会的变迁，等等。余新忠曾说：“历史并不会脱离具体的日常生活世界而抽象地演进。这些日常生活中的点点滴滴，虽然看似重复琐碎，但其实无时无刻不处在与整体社会制度、体系与观念的互动之中，缺乏对它们的关注，不仅会让历史大厦变得没有人居住，而且也不利于我们全面理解和把握时代的特征及其变迁，难以从历史维度去认识人自身的全面发展问题。”[3] 将近代大学生这一重要的社会群体置于

---

① 王江松：《知识分子的自我启蒙》，线装书局 2012 年版，第 281 页。

② 萧公弼：《改良社会为学生应尽之天职》，《学生杂志》1916 年第 4 期，第 38 页。

③ 余新忠、郝晓丽：《在具象而个性的日常生活中发现历史——清代日常生活史研究述评》，《中国社会科学评价》2017 年第 2 期，第 82 页。

日常生活史的视域去考察，重回其日常生活的逻辑和场景，在具体的生活细节中发现历史，不仅可以探析其日常生活与社会政治经济变迁的关系，更能使历史面相变得饱满和丰富。

第一，从大学生的学习生活来说。当时的大学生成才率普遍较高，各领域都出现不少优秀的人才，这与他们当时的学校学习生活是分不开的。当时各个学校对学生的学习要求普遍比较严格，在教学活动中尊重学生的个性发展，强调学生的主动学习精神，注重学生的实践能力和动手能力，在学生的学业考试过程中注重科学评价和创新能力的考察。当时大学生的学习生活也体现了近代中西方文化交流，如上述教育模式和方法的变革无疑受到西方教育思想的影响，陶行知自美国哥伦比亚大学师从杜威攻读教育学博士留学归来后，在南京高等师范学校任教期间深感传统“教授法”的弊害，将南京高等师范学校的“全部课程之教授法一律改为教学法”[①]，这对当时的教育界不无影响。在课程内容方面，国学内容在教会学校逐渐受到重视，如燕京大学设立的专门研究中国文化的哈佛燕京学社，至今仍是“国学研究重镇”，在学界产生了广泛而深远的影响。同时，在传统教育模式下学生的学习仅局限于课堂这种固定的场所和模式，随着教育的不断发展，学生不仅可以在课堂学习，学习的场域不断扩大，教室、图书馆乃至广大社会都成为学生学习的场所，而且学生学习的内容更加丰富，也不仅仅局限于书本，体现出传统与近代截然不同的学习模式和生活，显示出社会变迁对学生学习生活的影响。

此外，如“北大课程之另一特色，是专有许许多多奇奇怪怪的课，在别的学校绝不会开的，例如梵文，例如佛学”[②]，显示出北大富有个性的学校特

① 陶行知：《中国教育改造》，生活·读书·新知三联书店2014年版，第102页。

② 陈平原、夏晓虹编：《北大旧事》，生活·读书·新知三联书店1998年版，第376页。

色；南京高等师范学校的陈训慈在学校接受新式教育洗礼后说："此种遗产，与学校四年师授自学之所得，同时浸吾南高八百余人之生活中，以分布于全国，迄今个人犹受用不尽，而各地中小学学生之受其感染益智进德者，殆犹未可尽言。"[①] 这显示了大学生在传播新的教育思想与理念，促进教育发展方面的作用。

第二，从大学生的物质生活方面来说。不同学校和学生呈现较大的差异，就学校而言，清华大学和圣约翰大学等"贵族化"大学的生活水平普遍比较高，西化程度也较深，师范类院校经济条件普遍要差些，当时的流行语"北大老，师大穷，唯有清华可通融"即写照。从学生个体的角度看，"西装翩翩坐汽车吃大餐，挟爱人出入跳舞场的，固属不少，但是捉襟见肘，吃窝窝头喝开水，与收买旧书摊贩经常交易的也不乏其人。他们有些过着纸醉金迷的资产阶级生活，但有些也过着饥饿穷困的下级社会生活。总之，学生的生活，几乎代表了社会各阶级层的生活情况"[②]。由此可见，学校也是小社会，学生日常物质生活即当时社会民众日常生活的写照。然而对于大学生来说，即便有些学生经济条件较差（特别是来自农村地区的学生），但大学基本都位于现代物质文明的中心——城市，他们依然享受到现代化的物质条件，有些学校的宿舍是现代化的楼房，不少学校都有抽水马桶、暖气、电扇等设施，使他们能感受到现代物质文明带来的便利，这是他们在农村地区体验不到的。在服饰方面，学生服饰的变化在一定程度上体现出近代中国的社会文化变迁，一方面当时学生服饰款式设计既吸收西方服装设计的审美，又保留传统服饰的女性"含蓄美"的特色，体现出东西方文化的交流和融合；另一

---

① 陈训慈：《南高小史：国立南京高等师范二十周纪念》，《国风（南京）》1935年第2期，第64页。

② 《农村经济破产下的北平大学生生活》，《夜报》1933年4月27日第1版。

方面学生作为当时具有青春活力的社会阶层，特别是女学生在服饰着装上大胆改革、展示自我，经常起到社会引领的作用，促进了当时的妇女解放，展示了新女性对个性自由、男女平等的追求。

第三，从大学生的课外生活来说。当时的大学生课外生活非常丰富，参加社会服务、进行学校自治、开展社团活动、积极参与政治活动以及进行形式多样的休闲娱乐活动，这些活动体现出当时大学生的自主意识和强烈的社会担当精神。东南大学校长郭秉文曾说："课外作业，为学生自动的精神所表现。无论在学问上，艺术上，体育上，皆应与学校课程同一注意，教育家宜尽量发展而指导之。"① 当时学生们的课外实践活动基本都是学生在教师的指导下独立自主地开展，从人才培养的角度看，这是当时人才培养模式创新的有效途径，学生们在普通的课外生活中锻炼了才干，走上社会后能够更加从容地开展各项工作；从价值理念来说，他们在进行自治活动和社团活动时将民主和法治等理念运用于实践，在促进这些观念传播时，也潜移默化地影响、形塑着他们自己。同时，当时大学生进行社会服务、开展爱国救亡运动时有着强烈的社会担当，大学生作为近代爱国运动的主体，在掀起、推进五四运动、三·一八运动、五卅运动、一二·九运动中发挥着主要作用，其担当意识和爱国热情自不待言。当时学生进行社会服务时，曾说："吾国处此风雨飘摇之中，列强虎视眈眈，然正欲得而甘心。吾民在此水深火热之际，生灵涂炭，民不聊生……然本真未之幸福实现，有赖多数平民之觉悟与努力。吾人对于这些昏愚之同胞，更应如何竭其绵力，而尽其互助之责。"② 这显示出他们为唤醒民众、开启民智而进行社会服务的宗旨。

此外，当时学生在校园的日常生活也难免受到社会大环境的影响，这

---

① 舒新城：《中国新教育概况》，中华书局 1928 年版，第 117 页。

② 泌：《清华社会服务之今后》，《清华周刊》1921 年第 233 期，第 5 页。

一点在学生自治上体现得比较明显。20世纪20年代，学生界开展了轰轰烈烈的学生自治运动，但最终效果不佳乃至走向失败。对此，曾有人评论说："中国现在的政治，行政方面与立法方面能互相爱护、互相谅解以大局为前提的很少很少，总理与国会、省长与省议会、县长与县议会，总觉非互相牵掣、互相斗气，不能显出我这个本领，我这个地位。现在的学生自治会也有这种气概，办学的人说坐下，我就偏偏要站起来，办学的人说朝东走，我就偏偏向西跑，所以有的时候，弄到办学的人简直没有气伸，痛骂现在学风怎样怎样的不好，其实也是丝毫不足怪异，应该有的现象。"① 可见当时代议制民主运行不良对学生自治的影响。

第四，从大学生的日常交往来说。当时的师生关系和同学关系明显有时代的痕迹，一方面，传统的强调维护师道尊严的师生关系受到教育民主化观念和实践的冲击，但经过涤洗后的师生关系在民主平等的观念下得到进一步升华，不仅尊师重道的传统得到继承和延续，真挚的师生感情对不少学生也产生深远影响，很多学生回忆起当时的师生交往时情真意切、难以忘怀；另一方面，同学之间的交往，尤其是男女同学的交往仍显局促和谨慎，显示出传统礼教观念对学生交往的束缚，即便是当时思想观念较开放的大学生尚且如此，更遑论整体的社会状况，可见传统观念对社会影响之深远，这进一步反映出当时大学生锐意进取改良社会风俗的不易。

总体来说，近代大学生作为重要的社会群体，本身就是社会发展的产物，身处中西新旧交汇的社会历史环境中。通过对其日常生活史的研究，对于深化近代大学生研究，乃至中国近代史研究具有重要意义。当时大学生青春飞扬的日常生活对于当代大学生如何更好地度过大学生涯也有重要的启示意义。

---

① 陈燮勋：《学生生活劈头几个大问题》，《学生杂志》1922年第8期，第85页。

[16] 靳培培:《燕京大学学生学业评价的特点及其启示》,《教育与考试》2017 年第 4 期。

[17] 李木洲、刘海峰:《民国时期国立大学的设立与分布》,《高等教育研究》2014 年第 4 期。

[18] 刘训华:《近代学生的考试生活与历史镜像》,《山东高等教育》2016 年第 1 期。

[19] 袁礼、袁卫、易鹏兴:《民国时期复旦大学学业考试制度的演变与特征探析》,《考试研究》2018 年第 4 期。

[20] 党亭军:《“注重平时”与“从严治考”——民国时期大学学业考试管理制度研究》,《江苏高教》2013 年第 1 期。

[21] 周娜:《臣属与自决：近代中国女学生身体生成研究》，华中师范大学博士学位论文，2017 年。

[22] 张燕:《近代中国大学生社团的兴起及其活动特征》,《教育评论》2017 年第 2 期。

[23] 刘京京:《民国时期师范生修学旅行活动的产生、开展及其特点——以六所高师为中心的考察》,《教师教育研究》2022 年第 3 期。

[24] 董柏林:《民国时期学生参与大学管理的缘起、实践与启示——以学生自治会为考察中心》,《高等理科教育》2022 年第 6 期。

[25] 张剑:《金陵大学农学院与中国农业近代化》,《史林》1998 年第 3 期。

[26] 杨禾丰:《圣约翰大学的校园生活及其变迁：1920—1937》，复旦大学博士学位论文，2008 年。

[27] 李瑛:《民国时期大学农业推广研究》，华东师范大学博士学位论文，2011 年。

[28] 张琳、高福美:《古都里的“青春”：1930 年代北平女大学生的媒

介映像与日常生活》,《福建论坛（人文社会科学版）》2018 年第 11 期。

[29] 张燕:《东吴大学学生社团研究（1901—1952）》，苏州大学博士学位论文，2015 年。

[30] 王丽媛:《城市空间和大学场域中的学生生活——1930 年代北平大学生的物质生活与身份建构（1930—1937）》,《当代教育科学》2017 年第 3 期。

[31] 刘继青:《近代中国社会转型中的师生关系畸变》,《华东师范大学学报（教育科学版）》2008 年第 1 期。

[32] 刘京京:《民国时期中学生生活研究（1912—1937）》，华中师范大学博士学位论文，2015 年。

[33] 胡向东:《民国时期中国考试制度的重构与转型》，华中师范大学博士论文，2006 年。

[34] 张意忠:《民国大学教授的教学特点及其启示》,《高等教育研究》2015 年第 5 期。

[35] 刘京京、马静仪:《郭秉文大学社会服务思想及其当代价值》,《扬州大学学报（高教研究版）》2022 年第 1 期。

三、报纸杂志

《华章》《科学》《教育杂志》《现代学生》《新青海》《学生》《教育公报》《申报》《清华月刊》《读书顾问》《人人周报》《青年月刊》《十日谈》《现代青年》《学校生活》《读书青年》《传记文学》《中国学生》《新闻报》《江苏教育杂志》《中国摄影学会画报》《独立评论》《新社会》《新人周刊》《益世报》《东方杂志》《黑龙江教育公报》《摄影画报》《玲珑》《群言》《学校新闻》《投考交大专刊》《妇女杂志》《青春周刊》《野生》《光华周刊》《河南大学周

刊》《国立浙江大学校刊》《国立同济大学旬刊》《国立中山大学日报》《复旦年刊》《暨南校刊》《国大周刊》《南大》《清华副刊》《金陵女子学院校刊》《厦大校刊》《北京大学日刊》《清华周刊》《约翰年刊》《南开大学周刊》《复旦大学甲子年鉴》《东北大学周刊》《广西大学周刊》《中大周刊》《复旦同学会会刊》《东吴年刊》《南洋周刊》《北京高等师范学校周刊》《北京大学学生周刊》《岭南》《暨南校刊》《大夏周报》。

后　记

民国时期的高校是近年来各界关注的话题，围绕民国时期高等教育的“神话”以及批驳也是当前学界讨论的热点。从个人研究兴趣来说，在阅读史料或相关书籍的过程中经常有不少内容涉及民国时期的高等教育。有基于此，笔者试图从当时大学生的日常生活入手，深入了解当时的大学教育以及学生的生活状况，毕竟大学生是构成大学的主体，他们在校的学习和生活状况是当时高等教育发展及其教育成效的直接体现。

目前关于民国时期大学生日常生活已有不少研究有所涉及，但相对来说比较分散，其中不少是从教育学的角度研究这一问题，侧重于课程设置、教育行政、教育方法以及政策和制度等宏观方面的分析。有基于此，笔者在学界前辈和先进研究的基础上，从历史学研究的角度，以学生个体为主体，注重揭示学生个体的身心感受，走进他们的内心世界，进而走进他们的生活，体会他们的喜怒哀乐和生活的点滴。在文章的叙事上，力求明白晓畅、通俗易懂，努力做到学术性和通俗性兼具，增强文章的可读性，生动地展现当时大学生日常生活这一饶有兴趣的课题。效果可能不尽如人意，但虽不能至，心向往之吧。

由于大学生日常生活这一课题研究内容十分丰富，涉及的内容很多，囿于笔者个人学力，拙作还有很多不足的地方，留有不少缺憾，这些只有期待在日后的研究中不断补充、完善。在拙作完成的过程中得到不少师友的帮助，在此诚致谢意。岁月蹉跎，白驹过隙，转眼之间竟快到不惑之年，真是“及时当勉励，岁月不待人”，在以后的学习和工作中还是要“不待扬鞭自奋蹄”。